JN436123

교육학적 관점에서 쓴

대학 교양 한자

김 희 수 著

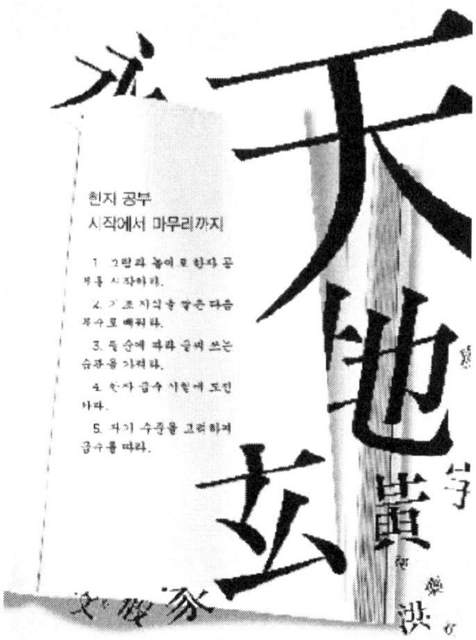

청목출판사

📖 서문

글로벌시대에 일고 있는 한자교육에 대한 긍정적인 사회적 분위기를 반영하여, 최근 많은 대학에서 교양강좌로서 한자를 개설하고 있다. 학생들의 반응도 좋은 편이다. 이는 공인 한자 자격 취득 시에 취업에서 가산점 부여를 받는다거나, 중국의 경제적 급성장으로 인한 한자에 대한 관심 고조 등, 교양강좌로서 한자가 학생들의 사회·심리적 욕구를 만족시켜 주기 때문으로 보인다.

이에 학생들의 학습욕구를 만족해 줄 만한 교육학적 관점의 교재 개발이 시급히 요구되어 왔다. 많은 대학에서 사용되고 있는 교재들 대부분은 대학의 특성이나 학습자의 수준을 전혀 고려하지 않은 것들이 많은 게 사실이다. 그 문제점으로 첫째, 교재의 체제나 구성 면에서 너무 단조로워 지루함을 느끼게 하였고 둘째, 학습시간에 맞지 않는 과중한 학습 분량으로 학생들에게 시간과 노력을 부담시켰다. 셋째, 학생들이 능동적으로 한자쓰기에 참여해야 하는데, 교재에 한자쓰기 수행공간이 반영되지 않았고 넷째, 또한 실생활에 직접 접해 볼 수 있는 사자성어나 고서의 강독을 통한 교양능력을 함양해야 함에도 불구하고 이런 내용적인 부분이 누락되어 있었다.

필자는 이 같은 문제점에 착안하여 다음과 같이 보완하여 집필하였음을 밝힌다. 첫째, 이 책은 전문대학용 교양강좌로서 학생들의 한자 습득에 중점을 두고 불필요한 '한자의 발전과 기원', '일러두기', '한자의 일반적 이론' 등은 과감히 배제하여 실용서로서의 가치에 우선을 두었다. 둘째, 1개 학기 학습량을 감안해서 교육용 기초 한자 1,800자를 핵심 한자 1,400개만으로 엄선하였으며, 교양 한자에 제시된 사서四書의 내용도 매 주 1개장씩 학습 가능한 범위 내에서 제시하였다. 셋째, 학생들이 능동적으로 한자쓰기에 참여하도록 교재 내에 한자쓰기 연습 공간을 부여하였다. 넷째, 사자성어와 사서四書의 중요 내용을 제시 및 풀이함에 있어 진부하지 않는 해설로 흥미를 보탰고, 특히 사서四書 뜻풀이 간에 딱딱한 학습방법으로부터 탈피하기 위해 정감 있는 시詩도 첨삭하였다.

이와 같은 노력에 힘입어, 본 교재는 지금까지 상용되는 전문대학의 다른 어떤 한자 교재보다 수준 높은 교육학적 관점에서 집필되었음을 피력하고자 한다. 이에 전문대학생들의 교양한자 시간에 실질적인 학습효과를 높이는 데 조금이라도 보탬이 되었으면 하는 바람을 가져본다.

본 교재는 총 2부 6개장으로 구성되었으며, 1부는 기초 한자를 익힐 수 있도록 1,400자의 교육용 한자와 실생활과 관련된 160여개의 사자성어를 제시하였으며, 2부에서는 1부의 기초 한자 습득을 바탕으로 사서四書(논어 · 맹자 · 중용 · 대학)를 통해 학생들이 꼭 공부해 두면 좋을 주옥같은 내용만을 엄선하여, 현실 감각에 맞게 뜻풀이와 시詩를 첨삭하여 지루하지 않는 문체로 기술하였다.

물론, 전문대학 교양한자 교재로서 손색없도록 대학과 학습자의 특성을 충분히 반영하여 집필하려고 고민하였으나, 능력이 미진한 점 있어 사용 간에 다소 부족한 부분이 있으리라 생각된다. 이에 대하여는 차후 학생 여러분과 강좌를 진행하는 선생님들의 소중한 의견을 적극 수렴하여 더 좋은 교재, 가치 있는 교양서가 되도록 노력할 것임을 약속드립니다.

이 책이 나오기까지 많은 관심과 격려를 아끼지 않으신 선 · 후배, 동료 교수님들께 감사드리며, 특히 집필 간 며칠 밤을 꼬박 지새우며 힘들어 할 때, 물심양면으로 따뜻한 성원을 보내주신 송호대학교 유아교육과의 조은정, 최정선 교수님께 인간적인 깊은 감사를 드린다.

마지막으로 이 책이 세상에 빛을 볼 수 있도록 원고를 흔쾌히 받아주시고, 편집단계부터 출간에 이르기까지 각고의 노력을 아끼지 않으신 청목출판사 유성열 대표님과 편집부 선생님, 그리고 관계자 여러분에게 심심한 사의를 표하는 바입니다.

2012년 2월

저자 김희수

📖 차 례

서문/3

제1부 기초 한자 익히기

제1장 기초 생활 한자 ···· 9
제2장 중요 사자성어 ···· 151

제2부 교양 한자 익히기

제3장 논어 강독 ···· 169
제4장 맹자 강독 ···· 181
제5장 중용 강독 ···· 189
제6장 대학 강독 ···· 197

◈ 참고문헌 ···· 205

제1부

기초 한자 익히기

제 1 장　기초 생활 한자

제 2 장　중요 사자성어

학습내용과 학습목표

제1부는 사회생활을 해가며, 대학생으로서 또 사회인으로서 최소한의 의사소통이 가능한 기초 생활 한자와 중요 사자성어를 익히는 데 중점을 두었다. 또 본 한자를 익힘으로써 인문사회분야의 기초 학술 서적 및 교양서를 읽는 데도 도움이 될 만한 한자로 편성하였다. 따라서 대학생이라면 누구나 이 책에서 제시하는 한자를 읽히고 습득하는 것이 요구된다. 제1부에 제시된 기초 한자를 읽히고 나면, 기초한자에 대하여 자신감이 생기리라 확신한다. 특히, 1장에서는 기초 생활 한자를 스스로 익힐 수 있도록 교재 내에 한자 연습 공간을 특별히 배려하였으며, 2장은 독자가 중요 사자성어를 뜻풀이하는 데 흥미를 더해 주기 위해 저자의 비평가적 해석을 첨삭해 두었다.

1. 매 차시 제시된 기초생활한자를 읽히고 쓸 수 있다.
2. 매 차시 제시된 중요 사자성어를 일상생활에 적용할 수 있다.

漢字

제 1 장
기초 생활 한자

家 집 가					
可 옳을 가					
街 거리 가					
加 더할 가					
假 거짓 가					
暇 틈/겨를 가					
價 값 가					
歌 노래 가					
刻 새길 각					
閣 집 각					

한자					
各 각각 각					
角 뿔 각					
覺 깨달을 각					
看 볼 간					
刊 새길 간					
間 사이 간					
姦 간음할 간					
幹 줄기 간					
懇 간절할 간					
渴 목마를 갈					

漢字					
感 느낄 감					
甘 달 감					
監 볼 감					
減 덜/감할 감					
敢 감히 감					
甲 갑옷 갑					
康 편안 강					
江 강 강					
强 강할 강					
降 내릴 강					

한자					
講 욀/설명 강					
改 고칠 개					
個 낱 개					
蓋 덮을 개					
概 대개 개					
經 경제 경					
更 고칠 경					
慶 공경할 경					
去 갈 거					
居 살 거					

檢 검사할 검					
劍 칼 검					
儉 검소할 검					
擊 칠 격					
隔 사이뜰 격					
格 격식 격					
激 격할 격					
見 볼 견					
遣 보낼 견					
犬 개 견					

漢字					
兼 겸할 겸					
庚 별 경					
耕 밭갈 경					
京 서울 경					
景 볕 경					
硬 굳을 경					
徑 지름길 경					
竟 마침내 경					
頃 잠깐/이랑 경					
卿 벼슬 경					

傾 기울 경					
境 지경 경					
慶 경사 경					
鏡 거울 경					
經 글 경					
敬 공경 경					
警 깨우칠 경					
輕 가벼울 경					
競 다툴 경					
驚 놀랄 경					

係 관계 계					
戒 경계할 계					
界 지경 계					
系 이어맬 계					
計 셀 계					
係 맬 계					
溪 시내 계					
繼 이을 계					
啓 열 계					
階 섬돌 계					

한자					
鷄 닭 계					
告 고할 고					
苦 쓸 고					
考 생각할 고					
固 굳을 고					
故 연고 고					
高 높을 고					
鼓 북 고					
古 예 고					
孤 외로울 고					

한자					
顧 돌아볼 고					
庫 곳집 고					
穀 곡식 곡					
曲 굽을 곡					
哭 울 곡					
谷 골 곡					
坤 따 곤					
困 곤할 곤					
骨 뼈 골					
功 공 공					

漢字					
公 공평할 공					
工 장인 공					
空 빌 공					
恭 공손할 공					
孔 구멍 공					
共 한가지 공					
攻 칠 공					
供 이바지할 공					
恐 두려워할 공					
貢 바칠 공					

한자					
過 지날 과					
課 공부할/과정 과					
果 실과 과					
科 과목 과					
寡 적을 과					
誇 자랑할 과					
貫 꿸 관					
慣 익숙할 관					
寬 너그러울 관					
官 벼슬 관					

漢字					
館 집 관					
觀 볼 관					
關 관계할 관					
光 빛 광					
鑛 쇳돌 광					
廣 넓을 광					
狂 미칠 광					
掛 걸 괘					
壞 무너질 괴					
怪 괴이할 괴					

怪 부끄러울 괴					
交 사귈 교					
校 학교 교					
敎 가르칠 교					
巧 공교할 교					
較 비교할 교					
矯 바로잡을 교					
橋 다리 교					
九 아홉 구					
究 연구할 구					

求 구할 구					
具 갖출 구					
俱 함께 구					
區 구분할 구					
丘 언덕 구					
句 글귀 구					
久 오랠 구					
拘 잡을 구					
構 얽을 구					
救 구원할 구					

龜 거북 구/귀					
舊 예 구					
球 공 구					
狗 개 구					
局 판 국					
國 나라 국					
菊 국화 국					
軍 군사 군					
郡 고을 군					
君 임금 군					

群 무리 군					
屈 굽힐 굴					
宮 집 궁					
窮 다할 궁					
弓 활 궁					
權 권세 권					
券 문서 권					
勸 권할 권					
卷 책 권					
拳 주먹 권					

厥 그 궐					
軌 바퀴자국 궤					
貴 귀할 귀					
歸 돌아갈 귀					
鬼 귀신 귀					
規 법규 규					
叫 부르짖을 규					
糾 얽힐 규					
菌 버섯 균					
均 고를 균					

極 극진할/다할 극					
克 이길 극					
劇 심할 극					
根 뿌리 근					
近 가까울 근					
勤 부지런할 근					
筋 힘줄 근					
謹 삼갈 근					
金 쇠 금/성 김					
禁 금할 금					

禽 새 금					
錦 비단 금					
今 이제 금					
及 미칠 급					
給 줄 급					
急 급할 급					
級 등급 급					
肯 즐길 긍					
基 그 기					
機 틀 기					

한자					
己 몸 기					
技 재주 기					
氣 기운 기					
紀 벼리 기					
祈 빌 기					
奇 기특할 기					
旣 이미 기					
起 일어날 기					
記 기록할 기					
幾 몇 기					

한자					
期 기약할 기					
器 그릇 기					
旗 기 기					
欺 속일 기					
緊 긴할 긴					
吉 길할 길					
樂 즐거울 악/낙					
諾 허락할 낙					
那 어찌 나					
難 어지러울 난					

暖 따뜻할 난					
男 사내 남					
南 남녘 남					
納 들일 납					
乃 이에 내					
內 안 내					
耐 견딜 내					
來 올 래					
奈 어찌 내					
年 해 년					

한자					
念 생각 념					
寧 평안 녕					
努 힘쓸 노					
怒 성낼 노					
農 농사 농					
惱 번뇌할 뇌					
能 능할 능					
茶 차 다/차					
多 많을 다					
團 둥글 단					

斷 끊을 단				
單 홑 단				
段 층계 단				
端 끝 단				
短 짧을 단				
但 다만 단				
達 통달할 달				
談 말씀 담				
淡 맑을 담				
答 대답 답				

沓 논 답					
踏 밟을 답					
當 마땅 당					
堂 집 당					
黨 무리 당					
代 대신할 대					
對 대할 대					
帶 띠 대					
臺 대 대					
隊 무리 대					

한자	훈음
待	기다릴 대
貸	빌릴 대
德	큰 덕
道	길 도
度	법도 도
都	도읍 도
導	이끌 도
島	섬 도
途	길 도
到	이를 도

한자					
徒 무리 도					
渡 건널 도					
陶 질그릇 도					
挑 돋을 도					
盜 도둑 도					
倒 넘어질 도					
桃 복숭아 도					
跳 뛸 도					
圖 그림 도					
獨 홀로 독					

讀 읽을 독					
督 감독할 독					
毒 독 독					
豚 돼지 돈					
突 갑자기 돌					
冬 겨울 동					
東 동녘 동					
童 아이 동					
動 움직일 동					
銅 구리 동					

漢字					
洞 골 동/밝을 통					
凍 얼 동					
頭 머리 두					
豆 콩 두					
斗 말 두					
鈍 둔할 둔					
得 얻을 득					
等 무리 등					
登 오를 등	登頂 (등 정)				
騰 오를 등	暴騰 (폭 등)				

燈 등 등					
羅 벌릴 라					
絡 이을/얽을 락					
落 떨어질 락					
蘭 난초 란					
亂 어지러울 란					
卵 알 란					
覽 볼 람					
濫 넘칠 람					
浪 물결 랑					

郎 사내 랑					
冷 찰 랭					
略 간략할/약할 략					
量 헤아릴 량					
良 어질 량					
兩 두 량					
糧 양식 량					
諒 믿을 량					
麗 고울 려					
旅 나그네 려					

한자	훈음
慮	생각할 려
勵	힘쓸 려
歷	지날 력
曆	책력 력
聯	연이을 련
蓮	연꽃 련
連	이을 련
練	익힐 련
鍊	단련할 련
憐	불쌍히여길 련

한자					
戀 그리워할 련					
劣 못할 렬					
烈 매울 렬					
列 벌릴 렬					
廉 청렴할 렴					
領 거느릴 령					
令 하여금 령					
嶺 고개 령					
靈 신령 령					
禮 예도 례					

例 법식 례					
勞 일할 로					
老 늙을 로					
露 이슬 로					
路 길 로					
錄 기록할 록					
綠 푸를 록					
論 논할 론					
賴 의뢰할 뢰					
雷 우레 뢰					

料 헤아릴 료					
僚 동료 료					
了 마칠 료					
龍 용 룡					
累 여러/자주 루					
樓 다락 루					
淚 눈물 루					
流 흐를 류					
類 무리 류					
留 머무를 류					

陸 뭍 륙				
倫 인륜 륜				
律 법칙 률				
率 비율 률				
理 다스릴 리				
離 떠날 리				
履 밟을 리				
梨 배 리				
裏 속 리				
吏 벼슬아치 리				

漢字					
隣 이웃 린					
林 수풀 림					
臨 임할 림					
馬 말 마					
莫 없을 막					
萬 일만 만					
晩 늦을 만					
滿 찰 만					
慢 거만할 만					
漫 흩어질 만					

末 끝 말					
望 바랄 망					
忘 잊을 망					
忙 바쁠 망					
罔 없을 망					
茫 아득할 망					
賣 팔 매					
買 살 매					
梅 매화 매					
每 매양 매					

漢字					
脈 줄기 맥					
麥 보리 맥					
盟 맹세 맹					
孟 맏 맹					
猛 사나울 맹					
面 낯 면					
綿 솜 면					
勉 힘쓸 면					
眠 잘 면					
免 면할 면					

滅 멸할 멸					
明 밝을 명					
命 목숨 명					
名 이름 명					
鳴 울 명					
銘 새길 명					
冥 어두울 명					
毛 터럭 모					
募 뽑을 모					
慕 그릴 모					

한자					
某 아무 모					
模 모방할 모					
貌 모양 모					
謨 꾀 모					
冒 무릅쓸 모					
睦 화목할 목					
牧 칠 목					
沒 빠질 몰					
夢 꿈 몽					
卯 토끼 묘					

苗 모 묘					
妙 묘할 묘					
墓 무덤 묘					
武 호반 무					
貿 무역할 무					
舞 춤출 무					
務 힘쓸 무					
茂 무성할 무					
霧 안개 무					
戊 천간 무					

漢字					
默 잠잠할 묵					
墨 먹 묵					
聞 들을 문					
問 물을 문					
門 문 문					
紋 무늬 문					
物 물건 물					
勿 말 물					
未 아닐 미					
味 맛 미					

한자					
微 작을 미					
尾 꼬리 미					
敏 민첩할 민					
憫 민망할 민					
密 빽빽할 밀					
蜜 꿀 밀					
拍 칠 박					
薄 넓을 박					
泊 머무를 박					
半 반 반					

漢字					
般 가지/일반 반					
盤 소반 반					
伴 짝 반					
飯 밥 반					
叛 배반할 반					
返 돌이킬 반					
班 나눌 반					
發 필 발					
髮 터럭 발					
拔 뽑을 발					

芳 꽃다울 방					
妨 방해할 방					
房 방 방					
防 막을 방					
訪 찾을 방					
傍 곁 방					
倣 본뜰 방					
配 나눌/짝 배					
背 등 배					
倍 곱 배					

한자					
培 북돋을 배					
排 밀칠 배					
輩 무리 배					
伯 맏 백					
繁 번성할 번					
番 차례 번					
煩 번거로울 번					
飜 번역할 번					
罰 벌할 벌					
伐 칠 벌					

範 법 범					
凡 무릇 범					
犯 범할 범					
法 법 법					
壁 벽 벽					
碧 푸를 벽					
變 변할 변					
邊 가 변					
辯 말씀 변					
辨 분별할 변					

別 다를/나눌 별					
丙 남녘 병					
病 질병 병					
竝 나란히 병					
保 지킬 보					
報 갚을/알릴 보					
補 기울 보					
普 넓을 보					
寶 보배 보					
譜 족보 보					

福 복 복					
復 회복할 복					
服 옷 복					
伏 엎드릴 복					
覆 다시 복					
複 겹칠 복					
腹 배 복					
奉 받들 봉					
鳳 봉새 봉					
封 봉할 봉					

한자					
蜂 벌 봉					
逢 만날 봉					
部 떼 부					
否 아닐 부					
附 붙을 부					
副 버금 부					
富 부자 부					
腐 썩을 부					
扶 도울 부					
負 질 부					

崩 무너질 붕					
比 견줄 비					
肥 살찔 비					
費 쓸 비					
批 비평할 비					
飛 날 비					
備 갖출 비					
鼻 코 비					
碑 비석 비					
非 아닐 비					

한자					
符 부호 부					
浮 뜰 부					
賦 부세 부					
婦 며느리 부					
簿 문서 부					
分 나눌 분					
紛 어지러울 분					
憤 분할 분					
奮 떨칠 분					
朋 벗 붕					

貧 가난할 빈					
賓 손 빈					
頻 자주 빈					
氷 얼음 빙					
聘 부를 빙					
蛇 긴뱀 사					
仕 섬길 사					
思 생각 사					
師 스승 사					
社 모일 사					

漢字					
司 맡을 사					
沙 모래 사					
絲 실 사					
射 쏠 사					
謝 사례할 사					
斜 비낄 사	傾斜 (경 사)				
辭 말씀 사					
寫 베낄 사					
斯 이 사					
詞 말/글 사					

使 하여금 사					
私 사사 사					
舍 집 사					
祀 제사 사					
師 스승 사					
削 깎을 삭					
産 낳을 산					
算 셈 산					
散 흩을 산					
殺 죽일 살					

森 수풀 삼					
狀 형상 상					
想 생각 상					
象 코끼리 상					
常 떳떳할 상					
像 모양 상					
祥 상서 상					
桑 뽕나무 상					
商 장사 상					
詳 자세할 상					

床 상 상					
賞 상줄 상					
傷 다칠 상					
霜 서리 상					
償 갚을 상					
索 찾을 색					
塞 막힐 색					
書 글 서					
徐 천천할 서					
緖 실마리 서					

漢字					
恕 용서할 서					
庶 여러 서					
署 마을 서					
暑 더울 서					
敍 펼 서					
誓 맹세할 서					
逝 갈 서					
昔 예 석					
析 쪼갤 석					
釋 풀 석					

漢字					
席 자리 석					
惜 아낄 석					
善 착할 선					
線 줄 선					
選 가릴 선					
船 배 선					
旋 돌 선	旋回 (선 회)				
仙 신선 선					
雪 눈 설					
說 말씀 설					

漢字					
設 베풀 설					
涉 건널 섭					
攝 다스릴 섭					
聖 성인 성					
成 이룰 성					
城 재 성					
聲 소리 성					
盛 성할 성					
省 살필 성					
星 별 성					

한자					
誠 정성 성					
性 성품 성					
姓 성 성					
細 가늘 세					
勢 형세 세					
洗 씻을 세					
歲 해 세					
稅 세금 세					
少 적을 소					
素 본디 소					

消 사라질 소					
疏 소통할 소					
訴 소송할 소					
昭 밝을 소					
笑 웃음 소					
所 바 소					
蘇 되살아날 소					
騷 떠들 소					
召 부를 소					
蔬 나물 소					

漢字					
續 이을 속					
速 빠를 속					
屬 붙일 속					
束 묶을 속					
俗 풍속 속					
損 덜 손					
孫 손자 손					
松 소나무 송					
誦 욀 송					
送 보낼 송					

한자					
訟 송사할 송					
頌 칭송할 송					
鎖 쇄사슬 쇄					
刷 인쇄할 쇄					
衰 쇠할 쇠					
收 거둘 수					
數 셈 수					
秀 빼어날 수					
首 머리 수					
壽 목숨 수					

한자					
修 닦을 수					
殊 다룰 수					
愁 근심 수					
遂 드디어 수					
授 줄 수					
輸 보낼 수					
樹 나무 수					
隨 따를 수					
獸 짐승 수					
搜 찾을 수					

雖 비록 수					
淑 맑을 숙					
肅 엄숙할 숙					
宿 잘 숙					
熟 익을 숙					
順 순할 순					
純 순수할 순					
瞬 눈깜짝일 순					
脣 입술 순					
巡 돌/순행할 순					

殉 따라죽을 순					
術 재주 술					
述 펼 술					
戌 개 술					
習 이힐 습					
濕 젖을 습					
襲 엄습할 습	攻襲 (공 습)				
承 이을 승					
乘 탈 승					
勝 이길 승					

한자					
僧 중 승					
昇 오를 승					
示 보일 시					
施 베풀 시					
時 때 시					
是 옳을 시					
試 시험 시					
視 볼 시					
始 비로소 시					
食 밥 식					

植 심을 식					
飾 꾸밀 식					
識 알 식					
式 법 식					
息 쉴 식					
新 새 신					
申 납 신					
信 믿을 신					
神 귀신 신					
愼 삼갈 신					

身 몸 신					
伸 펼 신					
晨 새벽 신					
實 열매 실					
室 집 실					
失 잃을 실					
深 깊을 심					
審 살필 심					
雙 두/쌍 쌍					
亞 버금 아					

漢字					
我 나 아					
阿 언덕 아					
芽 싹 아					
兒 아동 아					
餓 주릴 아					
雅 맑을 아					
惡 악할 악					
岳 큰산 악					
案 책상 안					
安 편안 안					

岸 언덕 안					
顔 낯 안					
眼 눈 안					
謁 뵐 알					
暗 어두울 암					
巖 바위 암					
壓 누를 압					
仰 우러를 앙					
愛 사랑 애					
哀 슬플 애					

涯 물가 애					
厄 액 액					
液 진 액					
額 이마 액					
野 들 야					
夜 밤 야					
耶 어조사 야					
約 맺을 약					
弱 약할 약					
若 같을 약					

한자					
藥 약 약					
躍 뛸 약					
洋 큰바다 양					
養 기를 양					
陽 볕 양					
揚 날릴 양					
壤 흙덩이 양					
樣 모양 양					
讓 사양할 양					
漁 물고기 어					

語 말씀 어					
漁 고기잡을 어					
於 어조사 어					
御 거느릴 어					
億 억 억					
憶 생각할 억					
抑 누를 억					
焉 어찌 언					
嚴 엄할 엄					
業 업 업					

漢字					
旅 나그네 여					
餘 남을 여					
與 더불/줄 여	供與 (공 여)				
如 같을 여					
輿 수레 여					
亦 또 역					
域 지경 역					
役 부릴 역					
驛 역 역					
譯 번역할 역					

逆 거스릴 역					
疫 전염병 역					
易 바꿀 역					
繹 풀어낼 역					
硏 갈 연					
然 그럴 연					
蓮 연꽃 연					
演 펼 연					
緣 인연 연					
軟 연할 연	柔軟 (유 연)				

한자					
沿 따를 연					
燃 탈 연					
煙 연기 연					
鉛 납 연					
熱 더울 열					
悅 기쁠 열					
閱 볼 열					
鹽 소금 염					
染 물들 염					
炎 불꽃 염					

葉 낙엽 엽					
英 꽃부리 영					
營 경영할 영					
泳 헤엄칠 영					
映 비칠 영					
迎 맞을 영					
榮 영화 영					
影 그림자 영					
豫 미리 예					
藝 재주 예					

한자					
銳 날카로울 예					
譽 기릴/명예 예					
汚 더러울 오					
午 낮 오					
誤 그르칠 오					
悟 깨달을 오					
娛 즐길 오					
烏 까마귀 오					
吾 나 오					
嗚 슬플 오					

漢字					
傲 거만할 오					
獄 감옥 옥					
屋 집 옥					
溫 따뜻할 온					
翁 늙은이 옹					
臥 누울 와					
完 완전할 완					
緩 느릴 완					
往 갈 왕					
畏 두려워할 외					

要 요긴할 요					
遙 멀 요					
腰 허리 요					
曜 빛날 요					
搖 흔들 요					
慾 욕심 욕					
辱 욕될 욕					
浴 목욕할 욕					
欲 하고자할 욕					
容 얼굴 용					

勇 날랠 용					
庸 떳떳할 용					
又 또 우					
于 어조사 우					
宇 집 우					
優 넉넉할 우					
遇 만날 우					
偶 짝 우					
憂 근심 우					
愚 어리석을 우					

한자					
郵 우편 우					
運 옮길 운					
韻 음 운					
雲 구름 운					
云 운 운					
雄 수컷 웅					
原 언덕 원					
怨 원망할 원					
援 도울 원					
圓 둥글 원					

園 동산 원					
院 집 원					
願 원할 원					
源 근원 원					
遠 멀 원					
越 넘을 월					
危 위태할 위					
偉 클 위					
衛 지킬 위					
委 맡길 위					

威 위엄 위					
違 어긋날 위					
圍 에워쌀 위					
慰 위로할 위					
緯 씨 위					
謂 이를 위					
僞 거짓 위					
乳 젖 유					
維 벼리 유					
遺 남길 유					

幼 어릴 유					
柔 부드러울 유					
唯 오직 유					
悠 멀 유					
油 기름 유					
幽 그윽할 유					
惟 생각할 유					
遊 놀 유					
誘 꾈 유					
裕 넉넉할 유					

한자					
儒 선비 유					
閏 윤달 윤					
倫 인륜 윤					
恩 은혜 은					
隱 숨을 은					
銀 은 은					
乙 새 을					
陰 그늘 음					
淫 음란할 음					
飮 마실 음					

吟					
읊을 음					
應					
응할 응					
矣					
어조사 의					
宜					
마땅 의					
疑					
의심할 의					
意					
뜻 의					
依					
의지할 의					
義					
옳을 의					
議					
의논할 의					
儀					
거동 의					

한자					
醫 의원 의					
以 써 이					
而 말이을 이					
夷 오랑캐 이					
異 다를 이					
益 더할 익					
翼 날개 익					
引 끌 인					
忍 참을 인					
認 알 인					

因 인할 인					
寅 범 인					
姻 혼인 인					
逸 편안할 일					
壬 북방 임					
任 맡길 임					
賃 품삯 임					
姿 모양 자					
姉 손윗누이 자					
慈 사랑 자					

한자	훈음					
恣	마음대로 자					
資	재물 자					
昨	어제 작					
酌	술부울 작					
爵	벼슬 작					
作	이을 작					
殘	남을 잔					
潛	잠길 잠					
雜	섞일 잡					
壯	장할 장					

帳 장막 장					
將 장수 장					
障 막을 장					
掌 손바닥 장					
場 마당 장					
葬 장사지낼 장					
腸 창자 장					
奬 장려할 장					
在 있을 재					
災 재앙 재					

한자					
財 재물 재					
載 실을 재					
哉 어조사 재					
宰 재상 재					
爭 다툴 쟁					
抵 막을 저					
貯 쌓을 저					
寂 고요할 적					
跡 발자취 적					
適 맞을 적					

漢字	뜻과 음					
積	쌓을 적					
敵	대적할 적					
賊	도적 적					
蹟	자취 적					
籍	문서 적					
展	펼 전					
傳	전할 전					
戰	싸움 전					
轉	구를 전					
切	끊을 절					

한자					
折 꺾을 절					
節 마디 절					
絶 끊을 절					
點 점 점					
漸 점점 점					
接 이을 접					
征 칠 정					
訂 바로잡을 정					
頂 정수리 정					
停 머무를 정					

淨 깨끗할 정					
整 가지런할 정					
精 정할 정					
靜 고요할 정					
制 절제할 제					
題 제목 제					
除 덜 제					
齊 가지런할 제					
際 즈음 제					
製 지을 제					

한자					
諸 모두 제					
濟 건널 제					
助 도울 조					
鳥 새 조					
造 지을 조					
條 가지 조					
組 짤 조					
照 비칠 조					
朝 아침 조					
說 말씀 설					

漢字					
租 조세 조					
族 겨레 족					
存 있을 존					
尊 높을 존					
拙 졸할 졸					
綜 종합할 종					
終 마칠 종					
從 좇을 종					
種 씨 종					
縱 세로 종					

한자					
左 왼 좌					
罪 허물 죄					
坐 앉을 좌					
座 자리 좌					
舟 배 주					
走 달릴 주					
酒 술 주					
晝 낮 주					
珠 구슬 주					
週 주일 주					

奏 아뢸 주					
竹 대 죽					
俊 준걸 준					
遵 좇을 준					
準 준할 준					
仲 버금 중					
衆 무리 중					
卽 곧 즉					
證 증거 증					
症 증세 증					

한자					
憎 미울 증					
贈 줄 증					
止 그칠 지					
只 다만 지					
枝 가지 지					
支 지탱할 지					
池 못 지					
志 뜻 지					
紙 종이 지					
智 슬기 지					

遲 더딜 지					
誌 기록할 지					
指 가리킬 지					
持 지탱할 지					
直 곧을 직					
織 짤 직					
職 직분 직					
鎭 진압할 진					
進 나아갈 진					
眞 참 진					

珍 보배 진					
振 떨칠 진					
陳 베풀 진					
陣 진칠 진					
辰 별 진					
盡 다할 진					
疾 병 질					
質 바탕 질					
執 잡을 집					
集 모을 집					

徵 부를 징					
懲 징계할 징					
且 또 차					
借 빌릴 차					
差 다를 차					
次 버금 차					
此 이 차					
着 붙을 착					
錯 어긋날 착					
贊 도울 찬					

한자					
讚 기릴 찬					
察 살필 찰					
慘 참혹할 참					
慚 부끄러울 참					
參 참여할 참					
創 비롯할 창					
窓 창 창					
蒼 푸를 창					
暢 화창할 창					
倉 곳집 창					

唱 부르 창				
債 빚 채				
採 캘 채				
菜 나물 채				
彩 채색 채				
策 꾀 책				
責 꾸짖을 책				
冊 책 책				
妻 아내 처				
處 곳 처				

拓 넓힐 척					
戚 친척 척					
斥 물리칠 척					
尺 자 척					
踐 밟을 천					
遷 옮길 천					
泉 샘 천					
賤 천할 천					
薦 천거할 천					
淺 얕을 천					

漢字					
鐵 쇠 철					
哲 밝을 철					
徹 통할 철					
添 더할 첨					
尖 뾰족할 첨					
妾 첩 첩					
廳 관청 청					
請 청할 청					
聽 들을 청					
清 맑을 청					

한자					
晴 갤 청					
滯 막힐 체					
替 바꿀 체					
體 몸 체					
肖 닮을 초					
初 처음 초					
礎 주춧돌 초					
超 뛰어넘을 초					
招 부를 초					
草 풀 초					

抄 뽑을 초					
燭 촛불 촉					
促 재촉할 촉					
觸 닿을 촉					
村 마을 촌					
總 다 총					
銃 총 총					
聰 귀밝을 총					
叢 모일 총					
催 재촉할 최					

最 가장 최					
追 쫓을/따를 추					
推 밀 추					
抽 뽑을 추					
醜 추할 추					
秋 가을 추					
畜 짐승 축					
築 쌓을 축					
蓄 모을 축					
祝 빌 축					

逐 쫓을 축					
縮 줄일 축					
春 봄 춘					
充 채울 충					
忠 충성 충					
蟲 벌레 충					
衝 찌를 충					
取 가질 취					
就 나아갈 취					
醉 취할 취					

漢字					
趣 뜻 취					
臭 냄새 취					
測 헤아릴 측					
側 곁 측					
層 층 층					
置 둘 치	置換 (치 환)				
治 다스릴 치					
恥 부끄러울 치					
値 값 치					
稚 어릴 치					

한자					
致 이를 치					
齒 이 치					
則 법칙 칙/곧 즉					
親 친할 친					
沈 잠길 침					
侵 침노할 침					
針 바늘 침					
浸 잠길 침					
寢 잘 침					
稱 일컬을 칭					

한자					
快 쾌할 쾌					
他 다를 타					
墮 떨어질 타					
妥 온당할 타					
打 칠 타					
托 맡길 탁					
濯 씻을 탁					
濁 흐릴 탁					
卓 높을 탁					
炭 숯 탄					

誕 낳을 탄					
彈 탄알 탄					
歎 탄식할 탄					
脫 벗을 탈					
奪 빼앗을 탈					
探 찾을 탐					
貪 탐색할 탐					
塔 탑 탑					
湯 끓을 탕					
泰 클 태					

漢字					
態 모습 태					
殆 거의 태					
怠 게으를 태					
澤 못 택					
宅 집 택					
擇 가릴 택					
吐 토할 토					
討 칠 토					
統 거느릴 통					
通 통할 통					

한자					
退 물러날 퇴					
鬪 싸움 투					
投 던질 투					
特 특별할 특					
把 잡을 파					
波 물결 파					
破 깨뜨릴 파					
派 갈래 파					
頗 자못 파	偏頗 (편 파)				
罷 마칠 파					

한자					
播 뿌릴 파					
判 판단할 판					
販 팔 판					
板 널 판					
版 판목 판					
敗 패할 패					
片 조각 편					
編 엮을 편					
遍 두루 편					
便 편할 편					

篇 책 편				
偏 치우칠 편				
評 평할 평				
肺 허파 폐				
蔽 덮을 폐				
閉 닫을 폐				
弊 폐단 폐				
廢 버릴 폐				
包 쌀 포				
捕 잡을 포				

한자					
浦 개 포					
砲 대포 포					
胞 세포 포					
抱 안을 포					
飽 배부를 포					
暴 사나울 폭					
爆 불터질 폭					
幅 폭 폭					
表 겉 표					
標 표할 표					

漂 떠다닐 표					
豊 풍년 풍					
風 바람 풍					
楓 단풍 풍					
皮 가죽 피					
被 입을 피					
避 피할 피					
彼 저 피					
疲 피곤할 피					
畢 마칠 필					

筆 붓 필					
匹 짝 필					
必 반드시 필					
夏 여름 하					
荷 어찌 하					
河 물 하					
賀 하례할 하					
鶴 학 학					
韓 나라 한					
漢 한나라 한					

汗 땀 한					
寒 찰 한					
限 한할 한					
恨 한 한					
旱 가뭄 한					
閑 한가할 한					
割 벨 할					
咸 다 함					
含 머금을 함					
陷 빠질 함					

艦 함대 함					
抗 겨룰 항					
港 항구 항					
恒 항상 항					
項 항목 항					
航 배 항					
海 바다 해					
解 풀 해					
害 해할 해					
亥 돼지 해					

該 갖출/마땅 해					
核 씨 핵					
幸 다행 행					
享 누릴 향					
香 향기 향					
鄕 시골 향					
響 울릴 향					
許 허락할 허					
虛 빌 허					
獻 드릴 헌					

漢字					
軒 집 헌					
憲 법 헌					
驗 시험 험					
險 험할 험					
革 가죽 혁					
現 나타날 현					
玄 검을 현					
顯 나타날 현					
縣 고을 현					
絃 줄 현					

한자					
賢 어질 현					
嫌 싫어할 혐					
協 화할 협					
脅 위협할 협					
形 모양 형					
刑 형벌 형					
螢 반딧불 형					
亨 형통할 형					
衡 저울대 형					
惠 은혜 혜					

한자					
慧 슬기로울 혜					
兮 어조사 혜					
護 도울 호					
浩 넓을 호					
豪 호걸 호					
號 이름 호					
湖 호수 호					
虎 범 호					
互 서로 호					
乎 어조사 호					

戶 집 호					
好 좋을 호					
呼 부를 호					
毫 터럭 호					
或 혹 혹					
惑 미혹할 혹					
婚 결혼 혼					
混 섞을 혼					
魂 넋 혼					
昏 어두울 혼					

한자	훈음
忽	갑자기 홀
鴻	기러기 홍
弘	클 홍
紅	붉을 홍
洪	넓을 홍
禾	벼 화
和	화할 화
花	꽃 화
畵	그림 화
華	빛날 화

한자					
話 말씀 화					
貨 재물 화					
禍 재앙 화					
確 굳을 확					
穫 거둘 확					
擴 넓힐 확					
環 고리 환					
患 근심 환					
歡 기쁠 환					
還 돌아올 환					

漢字					
換 바꿀 환					
活 살 활					
況 상황 황					
皇 임금 황					
黃 누를 황					
荒 거칠 황					
懷 품을 회					
悔 뉘우칠 회					
會 모일 회					
劃 그을 획					

獲 얻을 획					
橫 가로 횡					
曉 새벽 효					
效 본받을 효					
孝 효도 효					
候 기후 후					
侯 제후 후					
後 뒤 후					
訓 가르칠 훈					
毁 헐 훼					

한자					
輝 빛날 휘					
揮 휘두를 휘					
休 쉴 휴					
携 이끌 휴					
胸 가슴 흉					
凶 흉할 흉					
黑 검을 흑					
吸 마실 흡					
興 일 흥					
熙 빛날 희					

喜 기쁠 희					
希 바랄 희					
稀 드물 희					
戲 놀이 희					

漢

字

제2장

중요 사자성어

佳人薄命	가인박명	아름다운 여자는 박한 운명을 타고남
刻骨難忘	각골난망	뼈에 깊숙이 사무쳐 결코 잊혀지지 않음
刻舟求劍	각주구검	어리석고 미련하여 융통성이 없음을 말함
敢不生心	감불생심	감히 생각을 못함
甘言利說	감언이설	남의 비위를 맞추려 달콤하고 그럴 듯한 조건을 들어 꾸며대는 말
甲男乙女	갑남을녀	평범한 사람들(보통 사람을 지칭)
改過遷善	개과천선	자신의 과오를 고치고 착하게 변함
蓋世之才	개세지재	온 세상을 덮고 남을 만큼 재주가 뛰어남
居安思危	거안사위	편안할 때 위기(위태로움)를 염려함
格物致知	격물치지	사물의 이치를 연구하여 지식을 확고하게 함
隔世之感	격세지감	세상이 몰라보게 변하여 세상이 아주 다르게 보임
見利思義	견리사의	이익이 보일 때 우선 의리를 생각함
見物生心	견물생심	물건을 보면 갖고 싶은 마음이 생김
堅忍不拔	견인불발	굳게 인내하여 마음의 동요가 없음
結者解之	결자해지	문제를 만든 사람이 문제를 해결해야 함을 의미
結草報恩	결초보은	죽어서도 은혜를 잊지 않고 보답한다는 의미
兼人之勇	겸인지용	혼자서도 능히 여러 사람을 감당할 만한 용기
輕擧妄動	경거망동	깊이 생각하지 않고 가볍게 행동함
傾國之色	경국지색	한 나라의 형세를 기울게 할 만큼 뛰어난 미모
經世濟民	경세제민	세상을 다스리고 백성을 살핌

驚天動地	경천동지	하늘이 놀라고 땅이 놀람
敬天愛人	경천애인	하늘을 공경하고 사람을 사랑함
鷄卵有骨	계란유골	달걀에도 뼈가 있음을 뜻함(공교롭게도 일이 방해받을 수 있음을 말함)
孤軍奮鬪	고군분투	홀로 여러 군사와 싸움을 뜻함(어려운 환경에서 혼신을 다함)
孤立無援	고립무원	고립되어 도움을 받을 만한 곳이 없음
苦肉之策	고육지책	남을 속이기 위해 자신의 몸을 내던진 계책
孤掌難鳴	고장난명	외손뼉으로 소리내기 힘듦(혼자만의 힘으로 어떤 일을 해내기가 어려움을 뜻함)
苦盡甘來	고진감래	고생 끝에 낙이 옴
曲學阿世	곡학아세	학문을 왜곡하여 세속에 아부함
骨肉相殘	골육상잔	같은 민족끼리 헤치고 상하게 함
空前絶後	공전절후	전에도 없었고 앞으로도 없을 일을 말함
過猶不及	과유불급	지나침은 미치지 않음만 못함
巧言令色	교언영색	타인의 환심을 얻으려 아첨하는 교묘한 말과 보기 좋게 꾸미는 낯빛을 말함
教學相長	교학상장	남을 가르치는 일과 스승에게서 배우는 일이 상호작용해서 자신의 학문이 성장함을 의미함
九曲肝腸	구곡간장	굽이굽이 사무치는 마음
九死一生	구사일생	많은 것 같은데 작은 하나를 의미함
口尙乳臭	구상유취	하는 말이 유치함을 의미함
九牛一毛	구우일모	많은 것 가운데 작은 하나를 뜻함
國泰民安	국태민안	나라가 태평하고 국민은 평안함
群鷄一鶴	군계일학	여러 사람 중에 뛰어난 한 사람을 비유함

君臣有義	군신유의	임금과 신하는 의가 있어야 함
群雄割據	군웅할거	많은 영웅들이 각자에 자리 잡고 서로 세력다툼을 함
君爲臣綱	군위신강	임금은 신하의 모범이 되어야 함을 비유함
窮餘之策	궁여지책	생각다 못해 해내는 계책
權謀術數	권모술수	남을 교묘하게 속이는 일
權不十年	권불십년	권력은 10년을 넘지 못함
勸善懲惡	권선징악	선행을 장려하고 악행을 벌함
克己復禮	극기복례	자기의 사욕을 버리고 예를 회복함
近墨者黑	근묵자흑	나쁜 사람 가까이 있으면 물들기 쉬움
錦上添花	금상첨화	비단 위에 꽃을 얹는다는 의미로 좋은 일이 겹침을 말함
今時初聞	금시초문	처음 들어본 이야기
錦衣夜行	금의야행	비단옷 입고 밤에 도라 다님을 말하는 것으로 의미 없는 일을 할 때 말함
錦衣還鄕	금의환향	출세하여 고향에 돌아 옴
氣高萬丈	기고만장	기운이 펄펄 남을 의미함
起死回生	기사회생	죽음의 위기에서 간신히 살아남
吉凶禍福	길흉화복	길흉과 화복
金科玉條	금과옥조	금옥과 같이 몹시 귀중한 규정과 법칙
金蘭之契	금란지계	매우 가까운 사이를 말함
金石之交	금석지교	쇠나 돌처럼 쉬이 변하지 않는 인간관계
金枝玉葉	금지옥엽	금으로 된 가지와 옥으로 된 낙엽을 말하는 것으로, 귀한 자손을 말함

同病相憐	동병상련	처지가 같은 사람끼리 서로 동정함을 뜻함
東奔西走	동분서주	사방으로 이리저리 바삐 움직임
同床異夢	동상이몽	같은 잠자리에서 다른 꿈을 꾼다는 말로, 같은 처지에 있어도 목표가 저마다 다름을 뜻함
燈下不明	등하불명	등잔 밑이 어둡다는 의미임
燈火可親	등화가친	가을밤은 서늘하여 등불을 가까이 하여 글 읽기가 좋음을 뜻함
良藥苦口	양약고구	좋은 약은 입에 쓰다
馬耳東風	마이동풍	남의 말을 귀담아 듣지 않고 흘려버림
莫逆之友	막역지우	서로의 뜻을 거스르지 않는 가까운 벗
萬頃蒼波	만경창파	한없이 넓고 푸른 바다
萬古不變	만고불변	오랜 세월을 두고 변하지 않음
晩時之歎	만시지탄	시기가 늦었음을 원통해 하는 탄식
茫然自失	망연자실	정신을 잃고 어리둥절한 모양
面從腹背	면종복배	겉으로는 복종하면서도 속으로는 배반함
滅私奉公	멸사봉공	사적인 것을 버리고 공적인 것을 위해 일함
明鏡止水	명경지수	맑은 거울과 조용한 물이란 뜻으로, 고요하고 잔잔한 마음을 뜻함
明若觀火	명약관화	밝기가 불을 보는 것과 같다는 데서 어떤 사실이 불을 보듯 환함을 말함
目不識丁	목불식정	낫 놓고 기억자도 모름
無所不爲	무소불위	못하는 것이 없음
無爲徒食	무위도식	아무 하는 일 없이 한갓 먹기만 함
門前成市	문전성시	찾아오는 사람이 많음

落花流水	낙화유수	떨어지는 꽃과 물로, 흐르는 세월의 덧없음을 의미
難攻不落	난공불락	공격하기가 어려워 좀처럼 함락되지 아니함
難兄難弟	난형난제	어떤 것이 좋고 나쁜가를 판단하기 어려움을 말함
內憂外患	내우외환	나라 안팎의 근심 걱정거리를 말함
內柔外剛	내유외강	안으로는 부드럽고 외로는 강함을 말함
怒氣衝天	노기충천	성난 기색이 하늘을 찌름을 말함
論功行賞	논공행상	세운 공을 논하여 그에 맞는 상을 줌
累卵之勢	누란지세	계란을 포개어 놓은 것처럼 위태로운 형세를 뜻함
多多益善	다다익선	많으면 많을수록 좋음을 의미함
多才多能	다재다능	재능이 많음을 말함
單刀直入	단도직입	한칼에 적진으로 뛰어간다는 말로, 군소리를 늘어놓지 않고 요점이나 요지를 곧바로 이야기함
堂狗風月	당구풍월	서당 개 3년이면 풍월을 읊음
大驚失色	대경실색	몹시 놀라 낯빛이 하얗게 바뀜
大器晩成	대기만성	남들보다 늦게 대성한다는 의미임
大同小異	대동소이	그만그만하고 별반 차이가 없음을 말함
大聲痛哭	대성통곡	큰 소리로 슬피 욺
獨不將軍	독불장군	남의 의견은 무시하고 제 멋대로 일을 처리함
同價紅裳	동가홍상	값은 값이면 다홍치마
同苦同樂	동고동락	괴로움과 즐거움을 함께 함
東問西答	동문서답	물음에 전혀 다른 답변을 함

拔本塞源	발본색원	폐단의 근본 원인을 아주 없앰
傍若無人	방약무인	곁에 아무도 없는 것처럼 언행이 기탄없음
背恩忘德	배은망덕	남한테 입은 은혜를 저버리고 은덕을 잊음
百家爭鳴	백가쟁명	많은 학자나 논객들이 거리낌 없이 자유롭게 논쟁함
百計無策	백계무책	온갖 계책이 다 소용없음
白骨難忘	백골난망	죽어 백골이 되어도 깊은 은덕을 잊을 수 없음
白面書生	백면서생	글만 읽고 세상 물정을 전혀 모르는 사람
百折不屈	백절불굴	백 번 꺾여도 굽히지 않음. 모든 어려움을 극복해나감
伯仲之勢	백중지세	우열을 가리기 어려운 상태
不問可知	불문가지	묻지 않아도 알 수 있음
不遠千里	불원천리	천리를 멀다 여기지 아니함
夫爲婦綱	부위부강	남편은 아내의 모범이 되어야 함
父爲子綱	부위자강	부모는 자식의 모범이 되어야 함
夫唱婦隨	부창부수	남편이 부르면 아내가 따른다는 뜻
不偏不黨	불편부당	어느 한쪽으로 기울어지거나 치우침 없이 아주 공평함을 말함
附和雷同	부화뇌동	아무런 줏대 없이 남의 행동이나 의견을 행동을 덩달아 따름
不知其數	부지기수	그 수를 알 수 없음. 무수히 많음을 의미함
朋友有信	붕우유신	벗과 벗의 도리는 믿음에 있다는 말
非一非再	비일비재	한두 번이 아님
氷炭之間	빙탄지간	얼음과 숯의 사이처럼 서로 화합할 수 없는 사이

四顧無親	사고무친	사방을 둘러봐도 친한 사람이 없음. 의지할 곳이 없음
四分五裂	사분오열	이리저리 나뉘고 찢어짐
砂上樓閣	사상누각	오래 유지되지 못할 일이나 실현 불가능한 일을 말함
死生決斷	사생결단	죽고 사는 것을 거들떠보지 않고 끝장을 내려고 덤벼 듦
事必歸正	사필귀정	모든 잘잘못은 반드시 바른 길로 돌아옴
殺身成仁	살신성인	옳은 일을 위해 자신을 희생함
森羅萬象	삼라만상	우주 속에 존재하는 모든 사물과 현상
桑田碧海	상전벽해	세상이 덧없이 바뀜을 뜻함
塞翁之馬	새옹지마	인생의 길흉화복은 수시로 바뀌므로 속단할 수 없음을 말함
先見之明	선견지명	장차 닥쳐올 일을 사전에 알아차림
先公後私	선공후사	공사를 먼저 하고 사사를 나중에 함
雪上加霜	설상가상	엎친 데 덮친 격으로 일이 잘 풀리지 않음을 의미
說往說來	설왕설래	서로의 주장을 내세우며 옥신각신 하는 것을 뜻함
小貪大失	소탐대실	작은 것을 탐하다가 큰 것을 잃음
送舊迎新	송구영신	가는 해를 보내고 새해를 맞이함
首丘初心	수구초심	고향을 그리워하는 마음을 뜻함
壽福康寧	수복강녕	장수하고 행복하며 건강하고 평안함
修身齊家	수신제가	먼저 자신의 몸을 닦고 집안을 바로 잡음
水魚之交	수어지교	물과 고기처럼 분리할 수 없는 절친한 사이
守株待兎	수주대토	달리 변통할 줄 모르고 내내 한 가지만을 고집함

脣亡齒寒	순망치한	입술이 없으면 이가 시리다는 말로, 이해관계가 밀접하여 한쪽이 망하면 다른 한쪽도 보전하기 어려움을 말함
乘勝長驅	승승장구	전투에서 이긴 기세를 몰아 계속 적을 물리침
是是非非	시시비비	옳은 것은 옳고 그른 것은 그르다고 하는 일
始終一貫	시종일관	처음부터 끝까지 늘 같음
實事求是	실사구시	사실에 근거하여 진리나 진상을 탐구하는 일
深山幽谷	심산유곡	깊은 산의 으슥한 골짜기
我田引水	아전인수	제 논에 물가두기와 같은 말로 자신에게 이로운 대로만 함
安分知足	안분지족	제 분수를 지키고 만족할 줄 아는 삶
眼下無人	안하무인	남을 업신여김
羊頭狗肉	양두구육	겉과 속이 다름을 뜻함
漁父之利	어부지리	제삼자가 이익을 취함
言語道斷	언어도단	어이가 없어 할 말이 없음
言中有骨	언중유골	말 속에 뼈가 있다는 말로, 예사로운 말 속에 심상치 않은 뜻이 있음을 말함
易地思之	역지사지	처지를 바꾸어 생각함
緣木求魚	연목구어	나무에서 물고기를 구한다는 말로, 도저히 할 수 없는 일을 굳이 하려고 함을 의미함
榮枯盛衰	영고성쇠	개인이나 국가의 성하고 쇠함은 일정하지 않음
五里霧中	오리무중	짙은 안개 속에서 길을 찾아 헤맨다는 뜻임
烏飛梨落	오비이락	까마귀 날자 배 떨어진다. 일이 공교롭게도 같이 일어나 의심을 받는다는 뜻임
溫故知新	온고지신	옛것을 익혀 새것을 앎
搖之不動	요지부동	흔들어도 꼼짝 않음

龍頭蛇尾	용두사미	시작만 그럴듯하고 끝이 좋지 않음을 의미함
優柔不斷	우유부단	어물저물 하며 딱 잘라 결단을 내리지 못함
牛耳讀經	우이독경	쇠귀에 경 읽기, 아무리 말해도 소용이 없음
遠禍召福	원화소복	화를 멀리 하고 복을 불러들임
危機一髮	위기일발	눈앞에 닥친 위기의 순간
有名無實	유명무실	명목만 있고 실상은 없음
有備無患	유비무환	준비가 되어 있어 근심거리가 없음
唯我獨尊	유아독존	유독 자기 혼자만이 잘 났다고 함
類類相從	유유상종	서로 비슷한 사람끼리 어울림
悠悠自適	유유자적	속세를 떠나 얽매임 없이 자유롭게 마음 편히 삶
隱忍自重	은인자중	마음속으로 참아가며 행동을 신중히 함
吟風弄月	음풍농월	풍류를 즐긴다는 의미임
異口同聲	이구동성	여러 사람의 말이 한결 같음
以心傳心	이심전심	마음에서 마음으로 뜻을 전함
以熱治熱	이열치열	열은 열로 다스림, 곧 힘은 힘으로 다스림
利用厚生	이용후생	기물의 사용을 편리하게 하고 백성의 생활을 윤택하게 함
泥田鬪狗	이전투구	진흙탕에서 싸움을 말하며, 저급한 다툼을 말함
離合集散	이합집산	흩어졌다 모였다를 반복함
因果應報	인과응보	뿌린 대로 거둔다는 의미임
人面獸心	인면수심	사람의 도리를 지키지 못하고 행동이 흉악하고 음탕한 사람

人命在天	인명재천	사람의 목숨은 하늘에 달려 있음
一擧兩得	일거양득	한 가지 일로써 두 가지 이득을 얻음
一石二鳥	일석이조	하나의 돌로 두 마리의 새를 잡는다는 말임
一魚濁水	일어탁수	한 마리의 물고기가 물을 흐린다는 뜻임
一日三秋	일일삼추	하루가 3년처럼 길게 느껴짐
一場春夢	일장춘몽	헛된 영화나 덧없는 일
一觸卽發	일촉즉발	금방이라도 일이 터질 듯 아슬아슬한 상태
日就月將	일취월장	날로 달로 자라나감
一波萬波	일파만파	하나의 사건이 여러 가지로 자꾸 확대되는 것을 말함
一片丹心	일편단심	변치 않는 참된 마음
一喜一悲	일희일비	기쁨과 슬픔이 번갈아 일어남
臨機應變	임기응변	그때그때 일의 상황에 따라 일을 처리함
立身揚名	입신양명	입신하여 일을 널리 알림
自激之心	자격지심	자기가 하 일에 대하여 부족하다고 느낌
自業自得	자업자득	자신이 행한 일에 대한 과보를 자기가 받음
自中之亂	자중지란	한 패거리 속에서 싸움이 일어남
自初至終	자초지종	처음부터 끝까지 이르는 동안의 사실
張三李四	장삼이사	평범한 사람들
適材適所	적재적소	인재를 마땅한 자리에 배치함
電光石火	전광석화	몹시 짧은 시간을 뜻함

前無後無	전무후무	전에도 없었고 후에도 없음
轉禍爲福	전화위복	화가 바뀌어 복이 됨
切齒腐心	절치부심	몹시 분하여 이를 갈면서 속을 썩임
漸入佳境	점입가경	점점 흥미로운 경지로 입문함
朝令暮改	조령모개	수시로 무슨 일을 변경함
朝變夕改	조변석개	일을 자주 뜯어 고침
朝三暮四	조삼모사	간교한 꾀로 남을 속여 희롱함
鳥足之血	조족지혈	아주 적은 분량
坐不安席	좌불안석	마음이 불편하여 한 자리에 오래 앉아 있지 못함
種豆得豆	종두득두	콩 심은데 콩 난다.
坐井觀天	좌정관천	우물 안에 앉아 하늘을 본다는 말로, 견문이 좁아 세상 물정을 너무 모름
左之右之	좌지우지	제 마음대로 다루거나 휘두름
左衝右突	좌충우돌	이리저리 마구 치고받고 함
晝耕夜讀	주경야독	바쁜 틈을 내어 공부를 한다는 의미임
走馬看山	주마간산	달리는 말 위에서 산천을 구경한다는 말로, 이것저것 살필 겨를도 없이 대충 지나치며 살핌을 의미
竹馬故友	죽마고우	어렸을 때부터 친하게 사귀던 벗
衆寡不敵	중과부적	적은 사람으로는 많은 사람을 대적하지 못함
衆口難防	중구난방	여러 사람의 말은 막기가 힘들다
支離滅裂	지리멸렬	서로 갈라져 찢기어 나뉨. 어떤 일에 갈피를 못 잡음
至誠感天	지성감천	지극한 정성에 하늘이 감동함

進退兩難	진퇴양난	나아가지도 물러나지도 못하는 궁지에 몰린 상황
進退維谷	진퇴유곡	꼼짝없이 궁지에 몰림을 뜻함
天高馬肥	천고마비	하늘은 높고 말은 살찐다
天壤之差	천양지차	하늘과 땅의 차이. 즉, 큰 차이를 말함
千載一遇	천재일우	좀처럼 잡기 어려운 좋은 기회
秋風落葉	추풍낙엽	세력 같은 것이 일순간에 실추됨을 비유함
他山之石	타산지석	다른 사람의 하찮은 언행도 자기 지덕을 닦는데 도움이 된다
卓上空論	탁상공론	실현성 없는 헛된 공론
破顔大笑	파안대소	즐거운 표정으로 한 바탕 웃음
破竹之勢	파죽지세	세력이 강하여 막을 수 없는 형세를 말함
表裏不同	표리부동	겉과 속이 다름
風前燈火	풍전등화	바람 앞에 등불이란 말로, 매우 위급한 상황을 뜻함
皮骨相接	피골상접	살가죽과 뼈가 맞붙을 만큼 몹시 마름
匹夫匹婦	필부필부	평범한 보통 사람
咸興差使	함흥차사	한번 가면 깜깜 무소식이라는 뜻
虛張聲勢	허장성세	실속 없이 허세만 부림
賢母良妻	현모양처	어진 어머니면서 착한 아내
螢雪之功	형설지공	반딧불과 눈빛으로 공부함을 말함. 애써 공부한 보람을 뜻함
浩然之氣	호연지기	공명정대하여 조금도 부끄러움이 없음
弘益人間	홍익인간	널리 인간 세상을 이롭게 한다는 의미임

畵蛇添足	화사첨족	뱀을 그리면서 발을 보태어 넣음. 불필요한 일을 하는 것을 말함
會者定離	회자정리	만나면 반드시 헤어짐을 뜻함
興亡盛衰	흥망성쇠	흥하고 망하고 성하고 쇠하는 일
興盡悲來	흥진비래	즐거운 일이 다하면 슬픈 일이 온다
喜怒哀樂	희노애락	기쁨, 노여움, 슬픔과 즐거움, 사람의 온갖 감정

제2부

교양 한자 익히기

제 3 장　논어 강독
제 4 장　맹자 강독
제 5 장　중용 강독
제 6 장　대학 강독

학습내용과 학습목표

제2부는 대학 지성인으로서, 교육적 · 교양적 소양으로 동양 유교의 가치관을 이해하는 데 도움이 되는 사서四書의 주요 내용을 발췌하여 강독을 해봄으로써, 고서에 대한 이해능력을 높이고 한자에 대한 자신감을 갖게 하는데 있다. 특히, 사서四書는 우리가 일상생활을 살아감에 있어 자신의 길잡이가 되어 줄만한 주옥같은 내용들로 채워져 있다. 따라서 한자를 익히는 차원을 떠나서도 자신의 삶과 영혼을 살찌우기 위해 한번쯤 강독해 볼 필요성이 있을 것이다. 제2부를 마치고 나면, 독자 여러분은 동양 유교 가치관에 대한 즐거움과 호기심, 그리고 한자능력도 그 만큼 커지리라 확신한다.

학습목표 : 발췌 제시한 사서四書의 주요 내용을 한자漢字로 강독할 수 있다.

漢
字

제3장
논어 강독

공자孔子와 논어論語

공자孔子는 기원전 551~479년경에 살았으며 산동山童 출신이다. 공자는 가정형편으로 인해 교육 한 번 제대로 받지 못하였고 당연히 벼슬도 신통치 않았다. 하지만 공자는 선천적으로 매우 영리하여 영민한 사람을 알아볼 줄 알고 세상사를 꿰뚫어 보는 재주가 있었다. 이에 공자는 유교라는 동양의 가치관을 창시한 위대한 인물이 되었으며 후세에 이르기까지 길이 칭송받는 성인으로 우뚝 섰다.

『논어論語』는 총 1만 2,700자로 구성되어 있고, 공자와 그 제자들의 언행을 기록해 둔 고서이다. 아울러, 유가 최고의 경전이자 중국 최초의 어록語錄이기도 하다. 여기에서는 논어의 주요 내용에 대하여 크게 세 가지 관점만을 발췌하여 제시하고, 제시된 문장에 대하여 강독을 하고 그 의미를 독자들과 함께 생각해 보고자 한다.

1. 『지혜智慧』에 대하여

【발췌문 1】

君子不重則不威, 學則不固, 主忠信, 無友不女記者, 過則勿憚改
군자부종즉불위, 학즉불고, 주충신, 무우불여기자, 과즉물탄개

☞ 해석

군자는 무겁게 행동하지 않으면 위엄이 없다. 또 늘 배운다면 편협한 가치관을 갖지 않게 되니 배움에 힘써야 한다. 또 충성과 신의를 주된 가치관으로 삼아야 하며, 자기만 못한 사람을 친구로 삼지 않아야 한다. 그러나 잘못이 있을 경우는 고치는 것을 꺼려하지 말아야 한다.

이 같은 덕목은 사회 지도층에게 필요한 덕목이 아닌가 싶다. 부단한 자기 노력, 자기 학습, 자기 통제, 충성과 신의, 그리고 자신의 잘못을 인정할 줄 아는 겸손함과 마음가짐. 시대가 변하여도 어떤 사회든 사회 지도층에게 요구되는 높은 덕목으로 자리매김되어야 할 것이다.

【발췌문 2】

敏於事而愼於言, 就有道而正言, 可謂好學也已
민어사이신어언, 취유도이정언, 가위호학야이

☞ 해석

일은 부지런히 하고, 말은 신중하게 해야 한다. 그리고 올바른 도를 갖춘 분에게 가서 자신을 바르게 고쳐나간다면 열심히 배우는 사람이라는 소리를 들을 수 있을 것이다.

이 같은 덕목은 인간이 살며 살아가며, 자칫 자기과시, 자기만족, 안하무인의 태도를 가질 수 있음을 경계하고 있다. 늘 낮추고 부족함을 위해 배우고, 자기성찰을 통해 더욱 진솔함으로 거듭나야 함을 말해 주고 있는 것이다.

【발췌문 3】

君子泰而不驕
군자태이불교

☞ 해석
군자는 세상 모든 일에 통달해 있다 해도 교만하지 않는다.

이 같은 덕목은 인간이 하늘 아래의 한 존재에 불과함을 말해주는 것이다. 인간이 아무리 똑똑하고 세상에 대한 통달 능력이 있어도 그 한계가 있는 법. 인간은 하늘 아래 낮추고 포용적 마음, 깊은 식견, 그러면서도 교만하거나 자만하지 않는 겸손함이 필요하다. 이런 사람은 주변에 사람들이 몰려들지 않을 수 없다. 하지만 군자는 주변에 사람들이 몰려든다 할지라도 사사로운 이익에 가리거나 매몰되어 패거리를 만들어서는 아니 될 것이다. 그것은 한 사회의 이합집산, 지리멸렬의 길이기 때문이다.

【발췌문 4】

君子矜而不爭, 群而不黨
군자긍이부쟁, 군이부당

☞ 해석
군자는 일에 열심이긴 하지만, 다른 사람과 다투는 일이 없다. 또 단체를 이루기는 하지만 분당을 짓거나 패거리를 짓는 일이 없다.

이 같은 덕목은 자신의 능력과 위치에 맞는 일을 찾아 최선을 다하되, 사사로운 감정과 이익보다 공익을 위해 일하며 단체의 에너지를 불어넣기 위해 노력한다는 뜻으로 풀이된다. 특히, 조직의 지도자는 모두에게 고루 혜택이 돌아가도록 일을 도모해갈 뿐 쓸데없는 싸움에 빠져들어서는 안 된다. 그럼에 불구하고 아이러니 하게도, 우리의 주변을 보면 조직의 지도자가 사사로운 감정이나 이익관계에 매몰되어 패거리를 짓거나 공명정대한 공사를 보지 못하는 경우가 많다. 한번쯤 생각해 볼 일이다.

2. 『배우는 방법』에 대하여

【발췌문 1】

學而時習之, 不亦說乎?
학이시습지, 불역열호?

☞ **해석**

이론으로 배운 것을 기회 있을 때마다 실습해 보는 일, 이 얼마나 즐거운 일인가?

이 같은 덕목은 인간이 무지에 대하여 스스로 알아차리고 끊임없이 배움의 기쁨을 갖는 게 중요함을 말해 준다. 공자는 기회가 있을 때마다 배움에 대하여 강조하였다. 배움은 탁상공론이 아님을 강조하여 공부인 '학學'과 직접 시행해보는 '습習'을 구분하였다. 배움은 스스로 익히도록 하는데 더 큰 의미를 둔 것이다.

【발췌문 2】

知之者不如好之者, 好之者不如樂之者
지지자불여호지자, 호지자불여낙지자

☞ **해석**

뭔가를 좀 배워서 아는 사람보다는 그 실체를 좋아하는 사람이 되어야 한다. 또 그보다는 그 자체를 즐길 줄 아는 사람이 되어야 한다.

이 같은 덕목은 많이 배우는 사람일수록 벼가 고개를 숙이듯 겸손하고 무릇 배움의 끝이 없다는 생각으로 즐겨야 한다는 것이다. 사실 책 좀 제대로 본 사람이라면 글줄이나 뀄다고 건방 떠는 모습이 얼마나 공허하고 무지한건지 잘 안다. 배움의 근원은 그것을 실천하는 능력을 얻어 자신의 희망과 의지를 펼쳐나가는 데 있다.

【발췌문 3】

學而不思則罔, 思而不學則殆
학이불사즉망, 사이불학즉태

☞ 해석
배우기만 하고 스스로 생각하지 않으면 미련을 떨게 되고, 생각만 키운 채 배우지를 않으면 사고치기 십상이다.

균형 잡힌 생각, 균형 잡힌 배움은 자신의 영혼을 살찌우는 것이다. 검증받은 이론을 배우고 스스로 사고하며 마침내 자신의 지식을 토해내는 과정, 바로 이 과정이 튼실해야만 어디에서든 미련을 떨거나 사고를 치지 않는 법이다. '생각'의 중요성을 한 편의 시를 통해 느껴보자.

고통을 겪는 건 인간만이 아니다.
온갖 꽃들과 나무들도
모진 시련과 아픔을 기꺼이 맞이한다.
살며 부대끼며 상처 하나 시련 한번
없음을 기뻐하거나
자랑하지 말라.
아픔 하나 없는 것이 어찌 생명이겠는가?
능선과 계곡,
밀물과 썰물이 켜켜이 어우러진
산맥과 바다가 아름답듯,
아픔 또한

삶의 긴 여정에서
빛나는 한 부분인 것이다.
그대여, 아픔을 기꺼이 사랑하라.
아픔은 훗날
그대를 결코 헛되이 하지 않으려니
- 김희수의 <아픔이 있다는 건> 전문

김희수 시인이 쓴 이 한 편의 시에 제시된 '아픔 하나 없는 게 어찌 생명이겠는가?'를 두고도 독자마다, 평자마다 다른 생각을 해볼 수 있을 것이다. 그렇다면 꼭 '아픔이 있어야만 생명인가' 하고 말이다. 그렇다. 시적 내용은 하나의 상징이자 암시에 불과할 수 있는 것이다. 각자의 위치에서 다양한 해석과 생각을 해보고 자신의 삶에 빗대어 볼 수도 있다. 생각 없이 외우고 주절이 나열만 한다면, 이것이 과연 온전한 시에 대한 배움이라 할 수 있겠는가?

【발췌문 4】

溫故而知新, 可以爲師矣
온고이지신, 가이위사의

☞ 해석
옛것을 통해 새것을 알 수 있는 사람, 과히 스승으로 삼을 만한 사람이다.

옛것, 즉 지식이나 경험을 무시해서는 안 되고 새로운 지식과 경험을 축적하기 위한 발판으로 쌓아야 한다. 그러나 이 구절의 악용도 막아야 할 것이다. 예컨대, 일방적 경험의 전수나 경력을 근거로 창의성을 저해하는 요인으로 작용해서는 안 되기 때문이다. 옛것과 새것은 공히 존중되어야 한다. 마차 바퀴가 두 바퀴로 굴러가듯, 옛것과 새것은 늘 함께 굴러가는 수레바퀴여야 한다.

【발췌문 5】

三人行, 必有我師焉
삼인행, 필유아사언

☞ **해석**
세 사람이 길을 갈 경우, 그 중에는 반드시 내가 스승으로 삼을 만한 사람이 있다.

누구나 스승이 될 수 있다. 상황에 따라 다른 지식이나 경험, 그리고 폭넓은 견문이 요구되기도 한다. 그러므로 스승은 배움이 많거나 어떤 빛나는 자격증만을 가진 사람만이 되는 것은 아니다. 배움 속에 숨어 있는 즐거움을 발견해 주는 사람, 상상의 공간을 열어주는 사람, 이해와 사랑을 통해 서로의 가능성을 열어주는 사람, 바로 이들이 스승이 아니겠는가?

3. 『인仁』에 대하여

【발췌문 1】

巧言令色, 鮮矣仁
교언영색, 선의인

☞ **해석**
화려한 화술, 변화무쌍한 표정, 이런 사람들 중에 신뢰할 만한 사람은 많지 않다.

진실한 사람은 언제 어디서든 표정이 크게 바뀌지 않고, 굵고 짧게 말하며 불필요한 언사는 줄이는 법. 화려한 화술보다는 가슴으로 다가가고 남의 이야기에 귀 기울인다. 그래서 호언장담도, 만용도, 가장도 하지 않는 진실한 태도로 대한다. 남을 대함에 있어 사사로운 이익관계나 감정에 얽매이지 않고 진의로 대하니 그 향기가 시들지 않음이다.

【발췌문 2】

惟仁者能好人, 能惡人
유인자능호인, 능오인

☞ 해석
오직 인한 사람만이 편견 없이 사람을 좋아할 수 있고 미워 할 수도 있다.

인한 사람은 사람을 공정하게 대하는 법. 인한 사람에게서는 타인을 무조건 좋아하거나 악한 인간의 잘못만을 미워한다는 것은 거의 불가능하다. 우리 속담에도 '죄는 밉지만 사람이 미운가?'라는 말이 있듯이, 역설적으로 생각해 보면 우리들은 매사에 죄와 사람을 한데 엮어 처단하는 경향을 갖는다고 볼 수 있다. 인간은 감정의 동물이다. 그래서인지, 죄와 사람을 한데 엮어야 속이 후련한가 보다. 따라서 인仁을 실행한다는 것은, 바로 이런 감정을 초월한 범주에 속하므로 쉽지만 않은 게 사실이다.

【발췌문 3】

克己復禮, 爲仁, 一日克己復禮, 天下歸焉
극기복례, 위인, 일일극기복례, 천하귀인

☞ 해석
자신의 욕망을 억제하고 예로 돌아가는 것이 인이다. 하루만이라도 자신들의 욕망을 억제하고 예로 돌아간다면, 세상사람 모두가 인의 경지에 들게 될 것이다.

인간의 지나친 욕망은 화를 불러일으키는 지름길이라 하였다. 욕망의 억제는 수많은 수도자들이 정복을 시도했다가도 실패한 영원한 인간의 미제 과제이다. 이 불가능의 과제를 끌어안고 인생을 학대할 필요가 있겠는가?

그대가 마음 아파하는 것이
그것 때문이라고 말하지는 마셔요
지금 그대가 슬퍼하는 건
솟구치는 샘물처럼
당신의 마음 속에 자라나는
욕심 때문은 아닌지요
그토록 목말라 하는 그리움도 아픔도
알고 보면 그대의 마음에서 비롯된 것
겨울나무가 옷을 벗듯
그대 또한 빈 항아리 가슴 되어
저녁이면 별들이 찾아들,
낮이면 소라며 조가비 노래할,
온전한 낙원 하나 되어 주는 것
그래도 마음이 아파 온다면
아직 그대 마음속에 욕화산慾火山이
불씨로 남아 있기 때문입니다
- 김희수의 <그대가 마음 아파하는 것이> 전문

이 시에 나타난 것처럼 우리가 살면서 상처를 받는다는 것, 어찌 보면 지나친 과욕에서 오는지도 모른다. 공자의 말처럼 '하루만이라도' 욕심을 비워보면 어떨까요?

【발췌문 4】

己所不慾, 勿施於人
기소불유, 물시어인

☞ 해석
자기가 하기 싫은 것은 타인에게도 시키지 말라.

이 같은 덕목은 '역지사지易地思之'의 의미를 담고 있다. 즉, 입장을 바꾸어 생각해 보라는 뜻이다. 우리가 단 한번만 다른 사람의 입장에서 이해하고 생각할 수 있다면, 잃었던 친구도, 토라진 그 누군가도 다시 되찾을 수 있을 것이다. 내가 너라면 '어찌 할 것인가?'를 생각해 보자. 김춘수 시인의 〈꽃〉이란 시를 음미해 보자. 상대방의 배려가 얼마나 중요한지 알 수 있으리.

내가 그의 이름을 불러 주기 전에는
그는 다만
하나의 몸짓에 지나지 않았다.

내가 그의 이름을 불러 주었을 때
그는 나에게로 와서
꽃이 되었다.

내가 그의 이름을 불러준 것처럼
나의 이 빛깔과 향기에 알맞는
누가 나의 이름을 불러다오
그에게로 가서 나도 그의 꽃이 되고 싶다.

우리들은 모두
무엇이 되고 싶다.
나는 너에게 너는 나에게
잊혀지지 않는 하나의 의미가 되고 싶다
- 김춘수의 <꽃> 전문

【발췌문 5】

在邦無怨, 在家無怨
재방무원, 재가무원

☞ **해석**
나라에는 원한 품는 이가 사라지고, 집안에서도 원망이 사라질 것이다.

인간의 갈등은 선입견과 공평치 못함에서 시작된다는 말이 있다. 불공평은 불만을 낳고 그 불만을 억누르게 되면 원한으로 변하기 십상이다. 그런 고로, 서로를 향한 부단한 의사소통이 이루어져야 한다. 상대방의 말을 정중히 경청하고 그 말을 존중하는 태도에서 자신의 말이 나와야 하는 법. 이는 나와 너를 화평하게 만들고 부드러운 기류를 만들어 내는 힘인 것이다.

【발췌문 6】

志士仁人, 無求生以害人, 有殺身以成仁
지사인인, 무구생이해인, 유살신이성인

☞ **해석**
뜻을 지닌 사람은 타인에게 인을 베풀어야 한다. 자신이 살아남기 위해 인을 해쳐서는 안 되며, 오히려 자신을 죽여 인을 이룰 수 있어야 한다.

우리가 살면서 남에게 고통을 주는 일이 얼마나 많은가? 생각해 보면, 남을 배신하고 상처를 주는 것은 자신이 살아남기 위함이다. 자신의 알량한 욕망을 충족시키기 위해 믿음과 신뢰를 헌신짝처럼 버린다. 이웃도, 연인도, 친구도. 그러나 화무십일홍花無十日紅, 권불십년權不十年이라 했던가? 어떤 것도 영원한 것은 없다. 단지 내 마음 안의 굳은 믿음과 신념을 제외하고. 인의 경지란 자신의 욕망, 이익, 자기 합리화를 기꺼이 버림으로써 이루어진다. 그것이 쉬운 일만은 아닐 것이다. 그래서 우리는 상처받는 일이 많은가? 한번 생각해 볼 일이다.

漢字

제4장 맹자 강독

맹자孟子와 맹자 읽기

맹자孟子는 기원전 372~289년경에 살았으며 산동山童 출신이다. 맹자는 공자의 사상을 이어받았으나, 자신만의 학문세계를 형성하며 상대의 의표를 찌르는 논변가이기도 하다. 전국시대의 최고로 뽑히는 논객이자 정치사상가로 평가받고 있다.

「맹자孟子」는 총 34,685자로 구성되어 있고, 「양혜왕」, 「등문공」, 「리루」, 「만장」, 「고자」, 「진심」 등 모두 7편 261장의 내용이 포함되어 있다. 역동적인 구어체와 문답체의 문장 속에 맹자의 날카로운 논변과 시대 진단이 생생하게 담겨져 있다. 또한 역사와 지리, 인물 등에 박식했던 맹자의 비유들이 생동감을 더해준다. 여기에서는 맹자의 주요 내용에 대하여 크게 두 가지 관점만을 발췌하여 제시하고, 제시된 문장에 대하여 강독을 하고 그 의미를 독자들과 함께 생각해 보고자 한다.

1. 『삶』에 대하여

【발췌문 1】

言近而指遠者, 善言也, 守約而施博者, 善道也
언근이지원자, 선언야, 수약이시박자, 선도야

☞ 해석
순하면서도 뜻이 깊은 말이 착한 말이다. 실천하기 쉽고 여러 사람을 감화시킬 수 있는 방법이 진정한 도리라 할 수 있는 것이다.

눈을 감고 생각해 보자. 내가 좋아하는 사람은 어떤 사람이고 어떤 사람이 가장 먼저 떠오르는가? 자연스러움, 누구의 이야기에도 편안하게 들어주는 부드러움, 그 자체가 아름다움이기에 그런 자가 떠오를 것이다. 사람과의 관계에서 표정, 말투, 행동이 극히 자연스러울 때 우리는 상대방에게 친근감을 느끼고 호감을 갖는다. 순하다는 것은 때 묻지 않은 순수함, 바로 그것이며 아름다운 실체인 것이다.

【발췌문 2】

人有鷄犬放, 則知求之, 有放心而不知求
인유계견방, 즉지구지, 유방심이부지구

☞ 해석
닭이나 개를 잃어버리면 찾으러 나설 줄 알면서, 마음을 잃어버렸는 데도 찾을 생각을 하지 않는다.

사람들은 자신에게 관대하지만 남에게는 엄격함으로 대할 때가 많다. 내가 잘못을 하고도 남에게 떠넘기는 일, 반복해서 어리석은 행동을 하는 일, 사물을 대할 때 긍정보다 부정으로 대하는 일 등. 모두가 내 욕심에서, 즉 순수함이 떠나버린 마음에서 시작된다. 내 마음이 떠나 있다면 회복해야 한다. 순수함이 없는데 내가 어찌 아름다워 지겠는가? 잃어버린 나의 마음은 없는지 우리는 가끔 성찰해야 한다.

연탄재 함부로 발로 차지 마라
너는
누구에게 한 번이라도 뜨거운 사람이었느냐
- 안도현의 <너에게 묻는다> 전문

안도현 시인의 시구처럼 나를 위해, 또는 남을 위해 아름다운 마음을 갖는 것은 인간의 도리가 아니겠는가? 안 시인의 시가 아름답게 느껴진다.

【발췌문 3】

無爲基所不爲, 無慾基所不慾, 如此而已矣
무위기소불위, 무욕기소불욕, 여차이이의

☞ 해석
행해서 안 될 것은 행하지 말고, 원해서 안 될 것 역시 원하지 말아야 한다. 다른 방법이 있는 게 아니다. 단지 이 방법 외에는 없다.

인생을 파멸로 몰아가는 것은 욕심이다. 자기의 분수와 능력을 넘어선 것, 자신의 소유가 아닌 것을 억지로 구하는 것, 이것이 바로 욕심이다. 욕심은 결국 억지를 동반하고, 억지는 다시 자신과 타인의 마음을 갈기갈기 찢어놓고 무수한 상처만을 남길 뿐이다. 자기 분수와 능력을 넘어선 것을 탐하는 순간, 욕심으로 가득 찬 것이다.

【발췌문 4】

愛人不親, 反其仁. 治人不治, 反其智. 禮人不答, 反其敬
애인불친, 반기인. 치인불치, 반기지. 예인부답, 반기경

行有不得者, 皆反求諸己. 其身正而天下歸之
행유부득자, 개반구제기. 기신정이천하귀지

☞ 해석
나는 사랑한다고 하는데 그 사람은 나를 가까이 해주지 않는다.
나 자신의 사랑하는 마음이 부족한 것은 아닐까?
나는 남을 열심히 이끄는 데 통솔이 잘 되지 않는다.
나 자신의 지혜가 부족한 것은 아닐까?
나는 예의를 다해 타인을 대하는 데 상대가 답례를 하지 않는다.
나의 태도가 덜 진지하지 않는 것은 아닐까?
어떤 일을 진행하고 있는 데 잘 풀리지 않는다.
나 자신에게 나도 모르는 어떤 원인이 있는 것은 아닌가?
나 자신만 제대로 한다면 세상의 모든 사람들과 일이 나에게 돌아올 것이다.

인간은 완벽한 실체가 아니다. 늘 실수투성이고 후회를 많이 하는 법이다. 아무리 마음을 바로 해도 신이 아니기에 실수하기 마련이다. 어떻게 해야 할까요? 스스로 부단한 성찰과 되물음뿐이다. 그리고 내 탓임을 마음 한 켠에 새겨야 한다. 부단한 성찰과 되물음을 통해서만이 친구관계, 리더십, 인간관계, 자신감 등을 회복할 수 있는 것이다. 소박하고도 순수한 마음으로 자신을 들여다 볼 필요가 있다.

2.『인재人才』에 대하여

【발췌문 1】

君子有三樂而王天下不與存焉, 父母俱存, 兄弟無故, 一樂也
군자유삼락이왕천하불여존언, 부모구존, 형제무고, 일락야

仰不愧於天, 俯不怍於人, 二樂也
앙불괴어천, 부부작어인, 이락야

得天下英才而教育之, 三樂也
득천하영재이교육지, 삼락야

君子有三樂, 而王天下不與存焉
군자유삼락, 이왕천하불여존언

☞ 해석

군자에게 세 가지 즐거움이 있지만 천하를 다스리며 왕 노릇 하는 것은 해당되지 않는다. 첫 번째 즐거움은 부모가 생존해 계시고 형제들에게 아무 사고가 없는 것이다. 두 번째 즐거움은 하늘을 우러러 한 점 부끄러운 점이 없고, 땅을 내려다보아 사람에게 부끄럽지 않은 것이며, 세 번째는 천하의 뛰어난 영재를 얻어 그를 교육하는 것이다. 군자에게는 이 세 가지 즐거움이 있으나, 천하를 다스리며 왕 노릇 하는 것은 해당되지 않는다.

맹자의 교육에 대한 맹모삼천지교孟母三遷之教는 우리가 익히 잘 알고 있다. 처음 맹자가 살던 마을은 공동묘지 근처였는데, 그래서인지 맹자는 매일 초상집 흉내만 내고 다녔다. 맹자의 어머니는 아니다 싶어 시장 근처로 이사를 갔다. 이번에는 매일 장사꾼 흉내만 냈다. 그래서 이번에는 서당 근처로 이사를 갔다. 그랬더니 맹자가 공부에 취미를 갖게 되고 똑똑해지기 시작했다는 내용이다. 교육의 중요성을 강조하고 있다. 군자의 '삼락三樂' 가운데 맹자는 왜 '영재교육을 넣었는가?'를 생각해 볼 필요가 있을 것이다.

【발췌문 2】

中也, 養不中, 才也, 養不才, 故人樂有賢父兄也
중야, 양부중, 재야, 양부재, 고인락유현부형야

☞ 해석

조화의 미덕을 갖춘 사람은 조화의 미덕을 갖추지 못한 사람을 길러주고, 재능을 가진 사람은 재능을 갖지 못한 사람을 길러준다. 그런고로, 사람들은 현명한 아버지, 현명한 형제 갖기를 바라는 것이다.

우리가 아는 맹자는 단순한 지식만을 전달하려는 사상가는 아니었다. 그는 저마다의 잠재적 소질과 재능, 지혜를 중시하여, 이를 발견하고 길러주려는 노력에 관심을 쏟았다. 개인이 갖고 있는 소질과 특성을 살려 개발하는 것이야말로 교육의 참된 길이 아닌가 싶다. 획일적인 교육보다 인재의 특성에 맞는 교육을 실현한다는 것은 쉬운 게 아니다. 그럼에도 불구하고, 맹자는 부단한 노력을 하였기에 그가 높이 칭송받는 것이다.

【발췌문 3】

原泉混混, 不舍晝夜, 盈科而後進, 放乎四海
워천혼혼, 불사주야, 영과이후진, 방호사해

有本者如是, 是之取爾
유본자여시, 시지취이

☞ 해석

근원이 깊은 샘물은 밤낮을 가리지 않고 졸졸 흘러 깊은 못을 가득 채운다. 그리고 다시 앞으로 흘러나가 바다에 다다른다. 지혜란 바로 이런 것이기 때문에 물을 칭송하는 것이다.

맹자는 인재를 키운다는 것을 물에 빗대어, 무릇 지혜를 넓고 깊게 키워가는 것이라고 하였다. 그 지혜는 궁극적으로 어떤 복잡한 상황에서라도 간단하고 명료하게 분석해 낼 수 있는 위대한 힘, 통찰력과 앎의 깊이이다. 따라서 지혜란 단순한 지식을 얻는 것으로 그치는 게 아닌 끊임없는 물음과 답으로 통찰력과 앎의 깊이를 점점 넓혀 가는 것이다.

漢字

제5장 중용 강독

자사子思와 중용中庸

자사子思는 기원전 492~431년경에 살았으며 공자의 손자이기도 하다. 「사기」 등에서는 자사를 「중용」의 저자로 보지만, 청대 이후 고증을 통해 「중용」은 자사 한사람이 지은 게 아니라고 한다. 자사의 기본정신을 토대로 후대의 유가들이 작성했을 것으로 내다본다.

「**중용**中庸」은 본디 13경 중의 하나인 「예기」에 포함되어 있었다. 「예기」는 총 49편으로, 그중 31편이 바로 「중용」이었고 한나라 이후 분리되어 읽혔다고 한다. 「중용」은 하늘과 사람을 다룬 '천인론', 중용의 본질을 다룬 '중용론', 도에 대한 설명을 다룬 '도론', 성실함에 대해 답한 '성실론', 그리고 성인에 대하여 언급한 '성인론'으로 분류된다.

여기에서는 「중용」 중에서 크게 두 가지 관점만을 발췌하여 제시하고, 제시된 문장에 대하여 강독을 하고 그 의미를 독자들과 함께 생각해 보고자 한다.

1. 『성공하는 지도자』에 대하여

【발췌문 1】

修身也. 尊賢也. 親親也. 敬大臣也. 體群臣也. 子庶民也
수신야. 존현야. 친친야. 경대신야. 체군신야. 자서민야

來百工也. 柔遠人也. 懷諸候也
내백공야. 유원인야. 회제후야

☞ 해석
스스로를 갈고 닦음
능력 있고 상식 있는 사람을 존경함
친족을 가까이 하고 사랑함
원로 공신들을 공경함
아래 신하들을 몸소 살핌
서민들을 자식처럼 사랑함
기술자들을 모이게 함
먼 나라 사람들에게 관대하게 대함
제후들을 포용함

자사는 천하와 국가를 다스리는 데 아홉 가지 덕목을 제시하고 지킬 것을 강조하였다. 이 아홉 가지는 크게 두 가지로 대별되는데, 우선 스스로 준비해야 함을, 다음으로 주변 사람들을 포용하고 사랑해야 함을 말했다. 자사는 지도자로서 성공의 비결 중 가장 먼저 해야 할 일은 '스스로 행하는 것'이라고 했다. 스스로가 자신을 믿고 긍정할 때 비로소 자신감이 생긴다. 그 자신감을 바탕으로 한 걸음씩 실천해 가면 머지 않아 성공을 이룬다고 하였다.

【발췌문 2】

去讒遠色, 賤貨而貴德, 所以勸賢也
거참원색, 천화이귀덕, 소이권현야

☞ 해석
아첨꾼을 멀리하고 여색을 밝히지 않으며, 돈에 얽매이지 않고 덕행을 소중히 여기는 것이 능력 있고 상식이 있는 사람이 되는 방도이다.

어느 사회든 아첨꾼은 널려 있다. 아첨꾼은 달콤하고도 그럴듯한 이야기로 포장하여 사람을 현혹하는 기술이 탁월하다. 그래서 사람들은 아첨꾼의 현혹에 속아 후회하는 일을 만드는 경우가 있다. 그러나 아첨꾼은 자신이 챙겨야 할 이익을 챙기고 나면, 언제 그랬냐는 듯 쉽게 돌아선다. 사회의 물을 흐리게 하는 사람이다. 종국적으로 한 사회의 신뢰를 무너뜨리는 사람이기도 하고. 그러므로 아첨꾼은 되도록 멀리하는 게 좋다. 자사는 사회생활 가운데 쉽게 접할 수 있는 함정 세 가지를 말하였다. 앞서 언급한 아첨꾼, 그리고 여색과 돈이다. 이 세 가지는 지도자의 인생을 망치게 하는 지름길이라고 했다. 간혹 뉴스를 보면, 그 잘 나가던 사람들이 이 세 가지 문제로 곤혹을 치르는 모습을 종종 볼 수 있다. 안타까운 일이다. 결코 잊어서는 안 되며, 늘 조심하고 경계해야 할 일이다.

【발췌문 3】

忠信重祿, 所以勸士也
충신중록, 소이권사야

☞ 해석
충실하고 진실한 마음으로 대하고 월급을 넉넉히 주는 것이 관리들을 잘 다루는 방법이다.

지도자는 자신과 함께 일을 하는 사람이 헌신적으로, 즉 몸을 바쳐 일할 때 기쁨을 얻는다고 한다. 조직이라는 것은 사람이 만드는 것이다. 조직 내에서 사람은 자기를 사랑하는 사람을 추종하기 마련이다. 특히, 지도자에 대해서는. 한 번 더 어려운 점을 살펴주고 돌봐주는 관심은 지도자가 갖추어야 할 최고의 덕목이라 해도 과언이 아니다. 또 이와 함께 노력의 대가에 인색하지 않고 넉넉하게 계산해 줄 때 고마움으로 일할 것이다. 누가 이런 지도자를 싫어하겠는가? 누가 이런 지도자에게 몸 바쳐 일하지 않겠는가? 늘 아랫사람이 무슨 잘못을 했나 찾아내려 하고, 규정과 온갖 법조항만 들추어 잘못을 묻기만 하려한다면 그를 따르는 자는 없을 것이다. 또 입맛에 맞는 말을 해주는 자, 자신에게 맹목적으로 충성하는 자들에게만 귀를 열어준다면, 그 조직은 머지않아 붕괴될 것이다. 왜냐하면 자기가 하는 일이 모두가 옳다는 독선과 아집에 사로잡힐 테니까. 그러므로 지도자는 이점을 간과해서는 안 될 것이며 밤낮으로 살펴야 할 것이다.

2.『강자와 약자』에 대하여

【발췌문 1】

君子, 和而不流, 强哉矯!

군자, 화이불류, 강재교!

☞ **해석**

군자는 조화를 이루지만 절대 시류에 휩쓸려 흘러가지 않는다. 이 얼마나 강하고 굳셈인가!

군자는 자신의 가치관을 지키되, 주변 사람과 조화를 이룰 줄 아는 태도, 바로 강함과 유연함을 동시에 갖춘 태도를 견지해야 한다. 이것이야말로 중용에서 말하는 진정한 강함이다. 강하면 부딪히기 십상이고 부드러우면 휩쓸려 자신을 망가뜨리기 쉽다. 이에 진정한 강함이란 강하지만 부딪히지 않고 부드럽지만 휩쓸리지 않는 것이다. 고도의 탄력성을 가진 처신, 이것이 바로 중용의 처신이다.

【발췌문 2】

國有道, 不變塞焉, 强哉矯!
국유도, 불변색언, 강재교!

☞ **해석**
나라에 정의가 가득하여 쓰임을 받았지만 힘들었던 때를 기억하며 몸과 마음가짐을 변치 않으니 이 얼마나 강하고 굳센 것인가!

인간은 구름만큼이나 변하기 십상이다. 특히 출세했을 때와 부를 얻었을 때 가장 변하기 쉽다고 한다. 이런 부류의 사람은 출세나 부를 얻기 위해서 개가 되는 것을 서슴지 않는다. 자존심이고 가치관이고 할 것 없이 다 팔아먹는다. 그러나 옳은 가치를 위해 끝까지 인내하고 견뎠다가 마침내 때가 되어 부름을 받았지만 변하지 않고 교만해지지 않으며, 행실이 쉬이 달라지지 않는 사람, 또한 쓰임새가 변질되지 않는 사람, 그런 사람이 바보처럼 보일지 모르지만 어찌 이 사람을 나쁘거나 약하다고 할 수 있겠는가? 고약한 '똥 냄새' 풍기지 않고 그 품위를 유지하며 상하좌우를 균형 있게 맞추려는 노력이야말로 중용인 것이다.

【발췌문 3】

國無道, 至死不變, 强哉矯!
국무도, 지사불변, 강재교!

☞ **해석**
나라에 정의가 세워지지 않아 죽음을 당하지만 지조가 변하지 않으니 이 얼마나 강하고 굳셈인가!

사람이 나서 한번 죽는 것은 당연한 자연의 이치이다. 죽고 사는 문제는 자연의 일부이므로 자연의 법칙처럼 순리대로 죽고 살면 된다. 순리대로 죽고 사는 것이란 원시적인 자연처럼 이루어져야 한다. 자연은 부패하지 않고 청순하다. 예컨대, 더럽게 타협하지 않고 죽음으로서 가치를 지켜내는 사람, 비록 몸은 죽지만 그는 누구보다 강한 사람이다. 그가 만일 약했다면 변절하거나 목숨을 보존했을 것이다. 약하기 때문에 보존할 수 있는 목숨인 것이다.

겉으로만 보면, 그는 목숨을 잃는 보잘것없는 존재이다. 그러나 초라함은 진정한 강함을 담고 있는 껍질에 불과하다. 말라버린 꽃잎 아래 숨어 있는 붉은 열매처럼. 사람이 지조를 지킬 때 승화된 생명감을 느낀다. 생명감을 느끼는 시 한편을 함께 읽어 보자.

밤새 개울물 소리에 씻겨 투명해진 새벽달이 향기롭다
살아 있는 것은 끊임없이 흐르고 변해 가는 것
새벽 달빛 아래서 흐름의 향기에 귀 기울인다, 나는
- 김희수의 <생生> 전문

【발췌문 4】

君子遵道而行, 半途而廢, 吾弗能已矣, 君子依乎中庸
군자준도이행, 반도이폐, 오불능이의, 군자의호중용

遯世不見知而不悔, 唯聖者, 能之
둔세불현지이불회, 유성자, 능지

☞ 해석

사람들 중에는 옳은 것을 쫓는다고 하다가도 중도에 포기하는 사람이 있다. 하지만 나 공자는 그렇게 할 수 없다.

군자는 중용의 처신으로 일관해야 한다. 도의가 없는 세상을 피해 알아주는 사람은 없지만 후회하지는 않는다.

물론 이런 경지는 오직 성인이라야 그렇게 행할 수 있을 것이다.

인간이 지나치게 원칙에 의존하거나 복종적으로 살아도 안 되지만, 적어도 공명정대함과 원칙에 따라 삶을 일구어 가는 것도 그리 나쁘지는 않을 것이다. 자신이 설사 군중의 바다 속에서 섬이 되어간다 해도, 작은 원칙과 소신으로 삶을 다져나가는 것은 아름다움일 것이다.

삶에서 그 아름다움이 우러나는 사람, 그런 사람이야말로 진정한 강한 사람이려니. 그 사람이 누가 되었든, 내 마음 안에 원칙이 있는 시 한편을 찾아 떠나 보자.

푸른 바다에 고래가 없으면
푸른 바다가 아니지
마음속에 푸른 바다의
고래 한 마리 키우지 않으면
청년이 아니지

푸른 바다가 고래를 위하여
푸르다는 걸 아직 모르는 사람은
아직 사랑을 모르지

고래도 가끔 수평선 위로 치솟아 올라
별을 바라본다
나도 가끔 내 마음속의 고래를 위하여
밤하늘 별들을 바라본다
- 정호승의 <고래를 위하여> 전문

漢

字

제6장
대학 강독

주자朱子와 대학大學

주자朱子는 1130~1200년경에 살았으며 송나라 때의 대학자이다. 유교를 학문적 · 철학적으로 체계화하였고, 특히「예기」속에 있던「대학」을 별도로 분류하였다. 그의 학문체계인 '주자학'을 받아들이던 조선왕조의 정신세계는 주자라는 한 인물의 사유체계 속에서 치열한 명분 싸움에 휘말리기도 하였다.

「**대학**大學」은 진시황 이후 한나라 때에 기술된 것으로 알려지고 있으며, '대학'이란 말에는 '학교의 이름', '책 이름', '학문의 범주'라는 세 가지의 의미가 담겨져 있기도 하다. 여기에서는「대학」중에서 크게 세 가지 관점만을 발췌하여 제시하고, 제시된 문장에 대하여 강독을 하고 그 의미를 독자들과 함께 생각해 보고자 한다.

1. 『마음』에 대하여

【발췌문 1】

知止而后, 有定. 定而后, 能靜. 靜而后, 能安.
지지이후, 유정. 정이후, 능정. 정이후, 능안.

安而后, 能慮. 慮而后, 能得.
안이후, 능려. 여이후, 능득.

☞ 해석

최선의 상태를 유지하는 도리를 알게 되면 마음이 결정된다. 마음이 결정되고 나면 동요란 있을 수 없다. 동요가 없으니 평안한 마음의 상태를 유지하게 된다. 그러면 일에 대하여 차분히 생각할 수 있고 마침내 목표했던 것을 이루어낼 수 있다.

사람이 어떤 목표를 이루지 못함은 목표가 어렵기 때문이 아니다. 마음 다루기가 어렵기 때문일 게다. '대학'에서 말하는 마음 다스리기는 추상적 개념이 아니다. 예컨대, 사람을 떠나 스스로의 명상만을 즐기는 차원이 아니라, 현실에서의 마음 추스르기를 말한다. 그리하여 결론이 '득得' 이 되는 것이다. 최선의 상태를 유지하는 도리는 오랫동안 스스로의 행위와 사유를 관찰하고 얻어낸 분석결과이어야 한다. 이를 기초로 실현가능한 목표를 설정하고 차분하게 진행하여 이루어내는 것이다.

【발췌문 2】

物有本末, 事有終始, 知所先後, 則近道矣
물유본말, 사유중시, 지소선후, 즉근도의

☞ 해석
사물에는 근본적인 것과 지엽적인 것이 있다. 또 끝과 시작이 있다. 그러므로 일을 할 때에 먼저 해야 할 것과 나중에 해야 할 것을 알게 된다면 거의 도를 터득한 단계에 이른 것이다.

사실 인간이 마음을 가다듬고 마음의 순서를 통해 일의 순서를 헤아리고 처리하는 것이 도를 터득하는 경지라니 쉬운 것은 아니다. 그러나 마음먹기에 따라, 또는 훈련을 통해 얼마든지 가능한 단계로 끌어올릴 수도 있을 것이다. 우리도 도인 한번 되어 보지 않겠는가?

2. 『위치』에 대하여

【발췌문 1】

爲人君, 止於仁. 爲人臣, 止於敬
위인군, 지어인, 위인신, 지어경

☞ 해석
임금이 되면 사랑과 공평에 머물러야 한다. 남의 신하가 되면 침착하고 존경하는 마음에 머물러야 한다.

모름지기 임금과 신하의 조직생활은 상하관계이다. 윗사람은 지도자로서 다스리는 위치인 만큼 아랫사람을 추스르고 챙기는 사랑이 없어서는 안 된다. 조직생활에서 윗사람의 사랑은 아랫사람을 모으는 힘이 된다. 또한 윗사람은 자못 공평해야 한다. 공평함은 아랫사람의 불평불만을 잠재운다. 일을 처리함에 있어 직위가 만든 권위보다는 사랑과 공평이 낳은 권위를 더 우선시해야 한다.

【발췌문 2】

爲人子, 止於孝. 爲人父, 止於慈
위인자, 지어효. 위인부, 지어자

☞ **해석**
아들은 효성을 다하는 자리에 머물러야 하며, 아버지는 따스한 사랑에 머물러야 한다.

효는 강제가 아니고 자연스럽게 나와야 한다. 효가 잘못 오인되어 자식의 무조건적 희생을 강요해서는 안 된다. 아름다운 효는 부모와 자식 서로 간에 마음의 문을 열고 소통하며 애정이 자연스럽게 일어날 때 커지는 법이다. 그러므로 효는 자식의 마음 속에서만 나오는 일방적인 희생의 감정이 아니라, 부모와 자녀가 함께 쌓아가는 신뢰의 끈이 되어야 한다. 아버지의 따뜻한 사랑. 아버지의 모범적인 행동. 이것이 바로 자식을 효자와 효녀로 만드는 법이다.

【발췌문 3】

與國人交, 止於信
여국인교, 지어신

☞ **해석**
사회와 나라 속에서 사람들과 교제할 때는 신뢰와 신용의 자리에 머물러야 한다.

개인과 개인 간에도 신의와 신뢰가 무너지면 인간관계가 무너지듯, 국가와 국가 간에도 신용이 중요하다. 국가 간의 약속은 반드시 지켜져야 하며, 수평적인 관계로 이루어져야 한다. 한쪽이 맹목적으로 양보만 하거나 약속을 파기한다면, 이는 진정한 신용이라 할 수 없을 것이다. 이는 경제적, 군사적, 외교적 관계 등 모든 면에서 지켜져야 한다. 이것이 글로벌 세계에서 일등 국가, 선진 국가가 되는 신뢰의 척도인 것이다.

3. 『사람』에 대하여

【발췌문 1】

無情者, 不得盡其辭, 大畏民志
무정자, 부득진기사, 대외민지

☞ 해석

실제가 없어 마음이 떳떳하지 못한 사람은 횡설수설하여 그 말에 설득력이 없다. 주변의 많은 사람들의 생각을 무서워하기 때문이다.

이 세상에서 가장 강한 것은 솔직함이다. 자신이 떳떳하고 솔직하면 누가 뭐라 해도 걱정이 없을 것이다. 억울한 것은 잠시뿐이며 모든 일은 결국 진실이 밝혀지게 마련이다. 숨기는 자는 약한 사람이고, 숨기지 않는 자가 강한 자이다. 짧게 보면, 숨기는 자가 강해 보이고, 드러내는 자가 약해 보이지만 역사는 잠시 약한 자의 편이다.

거짓말을 하는 사람은 속이 텅 비어 있다. 이것은 누구보다 본인 스스로가 제일 잘 안다. 그러므로 이런 사람은 다른 사람에게 자신의 속마음을 들킬까봐 먼저 화를 내기 마련이다. 이를테면, 겁먹고 물러나라는 자기 방어적인 행동을 취한다. 거짓이 없는 사람은 두려움이 없고 당당한 것이다.

【발췌문 2】

未有上好仁而下不好義者也
미유상호인이하불호의자야

☞ 해석
윗사람이 일을 올바르게 하는데 아랫사람들이 옳은 것을 좋아하지 않는 법은 없다.

중국 후한시대의 「설문해자說文解字」에 의하면, '상소시하소효야上所施下所效也'라는 말이 있다. 이 말은 '윗사람이 모범을 보여야 아랫사람이 이를 본받는다.'는 뜻이다. 그렇다. 위가 엉망진창인데 아랫사람들만 법으로 다스린다고 될 일이 아니다. 무릇 아랫사람이 옳은 행동을 하게 하기 위해선 윗사람이 모범적인 행동을 해야 한다. 특히 교육을 담당하는 자는 더욱 그래야 한다.

【발췌문 3】

小人之使爲國家, 災害, 竝至. 雖有善者, 亦無如之何矣
소인지사위국가, 재해, 병지. 수유선자, 역무여지하의

☞ 해석
소인배들에게 국가를 다스리게 하면 끝내는 재해가 한꺼번에 닥쳐온다. 그러면 유능한 사람이 있다 하더라도 어쩔 수 없는 사태에 이르고 만다.

세계 여러 나라를 보더라도 국정 능력이 없는 사람이 국가를 다스리는 경우, 국론을 분열시키고 나라를 나락으로 몰고 가는 경우를 종종 볼 수 있다. 소인배는 내 생각을 민의보다 앞서 생각하기 때문이다. 그래서 그를 추종하는 자들 역시 똥파리나 모기처럼 국가와 국민의 고혈을 빨아 먹으며 호위호식하려는 생각만 가득하다. 말과 행동이 다른 위정자인 것이다. 그러니, 국민과 국가의 먼 장래가 어찌 보이겠는가? 지금 당장의 면피용 정책뿐이려니. 민심이 변하는 것은 번덕이 아니다. 정치가들 입장에서야 약속하겠지만 국민들의 입장에서는 최소한의 자구책인 것이다. 나라를 운영하는 자들이여! 사회를 움직이는 자들이여! 조직을 운영하는 자들이여! 민심은 무서운 것이고 역사를 바꾸는 힘이라는 걸 명심하시오. 소인배들은 언젠가 민심을 위반한 죄의 대가를 반드시 치르는 법이니. 다 내려놓으라고. 소인배들이여! 시 한편 읊어 봅시다.

다 내려놓으라고
간밤에 그렇게 때를 쓰던 눈보라한테
인간들은 하나도 빼앗기지 않고
몽땅, 그 순결을 빼앗아
독차지하였구나
- 안도현의 <눈 그친 들녘> 전문

참고문헌

김미영 (2005). 『대학 중용』. 서울: 홍익출판사.
김영옥 (2011). 『중용 인간의 맛』. 서울: 통나무.
김형찬 (2005). 『논어』. 서울: 홍익출판사.
김희수 (2009). 『조팝나무 꽃이 되어』. 서울: 천우.
김희수 (2009). 『교육학개론』. 서울: 일문사.
박경환 (2005). 『맹자』. 서울: 홍익출판사.
배병삼 (2005). 『논어』, 사람의 길을 열다. 서울: 사계절출판사.
안도현 (1994). 『외롭고 높고 쓸쓸한』. 서울: 문학동네.
우재호 (2007). 『맹자』. 서울: 을유문화사.
이가원·이창순 (1987). 『동아 한한중사전』. 서울: 동아출판사.
이기동 (2010). 『대학 중용 강설』. 서울: 성균관대학교 출판부.
정명호 (2002). 『고사성어』. 서울: 솔빛.
정호승 (1998). 『외로우니까 사람이다』. 서울: 열림원.
조수익 (2011). 『논어 대학 중용』. 서울: 전통문화연구원.
최하림 (1999). 『굴참나무 숲에서 아이들이 온다』. 서울: 문학과 지성사.
이인철 (1996). 『이야기 목민심서』. 서울: 고려원미디어.

[저자 소개]

❁ 김희수(金凞洙)

중앙대학교 대학원 교육학박사

(전) 송호대학교 교학처장, 평생교육원장, 학과장
연세대학교 교육연구소 객원연구원
중앙교육과학연구소 연구원
학생중앙군사학교 교수부 교관

(현) 송호대학교 유아교육과 교수(교직담당)
시인 · 문학평론가(月刊 『文學21』 登壇)

〈주요 저서〉

(평론집) 『한국 민족문학과 민족시인론』 (2001, 푸른사상)
(번역시집) 『내가 한 마음의 상처를 잊게 할 수 있다면』 (2003, 양피지)
(시 집) 『조팝나무 꽃이 되어』 (2009, 천우) 외 3집
(교육서) 『교육학개론』 (2009, 일문사) 외 12권
(번역서) 『다문화교실의 교수-학습』 (2003, 형설출판사 공역)

대학교양한자

2012년 1월 27일 초판인쇄
2012년 1월 31일 초판발행

저 자 김 희 수
발행인 유 성 열
발행처 **청목출판사**
서울특별시 영등포구 신길로 40길 20
전화 (02) 849-6157(代) · 2820 / 833-6090~1
FAX (02) 849-0817
등록 제318-1994-000090호

파본은 바꾸어 드립니다. 값 12,000원

http : //www.chongmok.co.kr

이 책의 무단 전재 또는 복제 행위는 저작권법 136조 1항에 의거, 5년 이하의 징역 또는 5,000만원 이하의 벌금에 처하게 됩니다.

ISBN 978-89-5565-445-5

※ 인지는 생략합니다.